The
Distributed
Classroom

分布式课堂

未来的教育之路

[美]

（David A. Joyner）
大卫·A.乔伊娜

（Charles Isbell）
查尔斯·伊斯贝尔

著

张丽鑫 译

机械工业出版社
CHINA MACHINE PRESS

本书分为三个部分，全面介绍了分布式课堂教学模式的构想，包括这种模式的内涵、方式及原因等。第一部分介绍了在线教育发展的前提和基础，第二部分介绍了在实践中实现分布式课堂的基本蓝图，第三部分介绍了分布式课堂可能带来的积极及消极影响。本书的目标读者包括教师、教学管理人员、课程设计师和学习者。如果您是一名教师，本书将为您提供一种全新的愿景：在日益复杂的世界中，面对不断变化的需求和约束，我们应如何发挥自身价值，以及如何获得教育。如果您是一位教育管理者，本书力推的数字化方案将在降低成本和增加入学率等现有目标的基础上，给学生带来更多的实惠。如果您是一位课程的设计开发人员，本书则有助于您以一种似曾相识的视角，去认识新课程的设计过程。如果您是一位学习者（不管您的真实身份是教师、教学管理者还是教学设计者，我们始终希望您是永远的学习者），当学习正在成为我们终身需求的时候，本书为您提供了一个兼顾学习机会和生活质量的路线图，寻求让您成为终身学习者而又不必以生活换取学习的教育机会。

The Distributed Classroom /The MIT Press/1 – 1/by David A. Joyner and Charles Isbell/ 9780262046053

Original English Language Edition published by Massachusetts Institute of Technology.

Copyright © 2021 Massachusetts Institute of Technology. All Rights Reserved.

北京市版权局著作权合同登记　图字：01 - 2021 - 6222 号。

图书在版编目（CIP）数据

分布式课堂：未来的教育之路／（美）大卫·A. 乔伊娜（David A. Joyner），（美）查尔斯·伊斯贝尔（Charles Isbell）著；张丽鑫译. —北京：机械工业出版社，2021. 12

书名原文：The Distributed Classroom

ISBN 978 - 7 - 111 - 69905 - 7

Ⅰ.①分… Ⅱ.①大… ②查… ③张… Ⅲ.①课堂教学-教学模式-研究 Ⅳ.①G424. 21

中国版本图书馆 CIP 数据核字（2021）第 275824 号

机械工业出版社（北京市百万庄大街 22 号　邮政编码 100037）
策划编辑：坚喜斌　　责任编辑：坚喜斌
责任校对：高亚苗　　责任印制：张　博
涿州市京南印刷厂印刷

2022 年 1 月第 1 版　第 1 次印刷
170mm×240mm·15 印张·1 插页·192 千字
标准书号：ISBN 978 - 7 - 111 - 69905 - 7
定价：69. 00 元

电话服务　　　　　　　网络服务
客服电话：010 - 88361066　　机　工　官　网：www. cmpbook. com
　　　　　010 - 88379833　　机　工　官　博：weibo. com/cmp1952
　　　　　010 - 68326294　　金　书　网：www. golden-book. com
封底无防伪标均为盗版　　机工教育服务网：www. cmpedu. com

序　言

在新型冠状病毒肺炎肆虐的时代

就在撰写本书之时，新型冠状病毒肺炎（COVID - 19）的全球性大暴发正在引发一场教育革命，远程学习和在线教育正在以前所未有的速度席卷全球。面对新的形势，世界各地的中小学校和大学不得不迅速掌握在线教学的操作模式。

诸多诱因引发这场突变。很多人对远程学习持怀疑态度，因而始终敦促人们把它视为暂时性替代方案，并提及在线教育的诸多缺陷。而远程学习的倡导者，则把这次疫情视为加快推进远程方案的机会，并着力指出它在成本、易推广和易接受等方面的优势。学生有自己的看法：很多人认为在线体验很无聊，但也不值得通过诉讼去追回学费。尽管有些学生对这种转型持积极态度，但学生、父母和教师对在线学习的总体评价是负面的——实际上，2020 年秋季学期对远程教学的依赖性完全是出于健康方面的考量，而不是源自信任。

但一个重要的现象是，这种仓促转变的唯一方向就是远程学习：所有学生都在接受在线教育，全部课程均采取在线方式，彻底摒弃现场体验。也就是说，一种单一体验被另一种单一体验所替代。在某些方面，转换过程变得更简单：课堂教学正在转换为一对一的远程对话。尽管这个领域对很多教职员工来说还很陌生，但它本身早已算不上全新领域：远程学习已存在一个多世纪，而现代科技正在让这个领域获得前所未有的地位，并逐渐成为主流。实际上，大多数学院都在提供某种形式的在线教育及教学计划，并使之成为一种典型的远程学习模式。这种模式从一开始就假设，所有学生处于远程状态。笔者所在的佐治亚理工学院计算机学院，就以这种方式开设了在线计算机硕士学位（MSCS）课程。我们在世界各地拥有 1 万多名学生，而且从不要求他们必须到校内上课。除担任学院院长（查尔斯）和课程执行主任（大卫）外，笔者还要讲授六门课程，每学期的听课人数总计超过 3000 人。

尽管这对每个教师而言都是一种前所未有的挑战，但过渡过程本身非常简单：只需把原来完全面授的课堂教学转换为完全远程的授课方式。我们可以把这两种教学方式视为相互的替代方案。当然，每一种教学方式都需要专门设计，比如，在线课程可以采取同步教学或异步教学方式，但现场教学和远程教学之间的差异是显而易见的。

然而，随着时间进入 2020 年秋季，这种差异开始变得复杂而模糊。在为秋季及后续学期制订教学计划时，很多学校已开始面临两难抉择：到底是全部采取在线教学，还是采取在线教学与现场教学相结合的方式。在混合教学模式下，学生仍有机会接受现场教学，但需要对课堂出席人数采取严格限制。因此，现场教学的课堂人数是有限的。原有的大型课堂开始采取小课堂的方式，学生的课堂学习时间也大大缩短。有些学生和教师可能无法返回校园，因而要求他们采取远程访问方式。而应急转换模式的威胁再次降临，也对课程设计提出了新的挑战。有些课程将采取在线方式。有些学生仍有机会到校园内听课，但有些学生或许只能接受在线课程。这些变量的组合排列，最终将形成不计其数的结果。因此，在如何应对各种特殊授课方式这个问题上，我们很难为每一位教师提供完全合理的建议。

但这个困难说起来其实很简单，那就是要如何尽可能多地还原现场体验。如果人们认为，在线体验在本质上等同于现场体验，那么在可预见的将来，无论是学生、教师还是教学管理人员，都会毫不犹豫地维持在线教学方式。但是在现实中，人们往往认为，课堂体验更有优势。我们也倾向于认为，这些不同观念的核心都集中于一个关键词：课堂。由于没有了"课堂"，课堂教学所独有的机制、体验和互动无法转移到在线学习中。其实，这种质疑并不完全针对远程学习。同样的质疑也存在于演说厅，它同样缺乏我们能在课堂上体验到的互动：同学之间的互动、与教师的交流、对学习的个性化投入以及对社交学习群组的全面参与。有一句老话说得好："从第三排开始就是远程教育。"因此，即便是在真实的课堂上，那些没有坐在前面并积极参与互动的学生，或许都应该算做远程学习者。

多年来，这个问题一直困扰着需求较大的核心课程及高等课程，但是在新冠肺炎疫情暴发之后，它开始影响每个人：如果不能把全体学生聚集到一起，我们该如何在相同的时间和地点创建课堂体验呢？如何在学生和教职员工之间以及学生之间进行更有意义的互动，无论是直接互动，还是边缘互动？这些缺乏体验的远程学习措施以及之前的远程学习，到底有什么意义？

本书提出了分布式课堂发展的愿景：在"分布式课堂"这个概念中，课堂不再表现为学生和教师在相同时间出现在同一物理位置；相反，它提供了一种分散在不同时间和不同空间的分布式课堂体验。这是一种认识学习的新视角和新思维，它不再依赖于传统教育所采取的"相同时间和相同地点"的典型假设，但也不完全等同于极端的异步远程学习。相反，它试图填补在完全异步性远程学习和同时同地课堂学习这两个极端之间的空白，只要求学生在两个极端情况之间进行最低限度的必要折中，即可获得特定水平的学习体验。它也不只是一种单纯的远程教学方式，而是一种可摆脱其他约束而独立存在且经过有效组织的课堂体验方式。它的目标就是让学习者克服空间和时间的约束，最大限度参与到学习中。

但最重要的在于，分布式课堂强调一种乐观、以学习者为中心的未来教育观。基于这种思维，在成本、地理和同步性障碍不断削弱甚至消失的情况下，让这个星球上的每个人都成为潜在的学习者。在此过程中，人们对远程教育的认知，将从传播内容的单一模式重新定位为一种拓展体验的新型载体。

针对这种愿景的所有认知其实并非皆因这场全球疾病流行而来。我们坚信，这种愿景将在未来几十年内成为现实。届时，它不仅有助于解决某些当务之急，也为教学者设计未来几个学期的教学体验提供了蓝图。此外，它还将为如何使用这种范例造福学生提供基本指南，而不只是应对某些冲突性需求。在过去十年中，从学习管理系统的普及到混合灵活式教育模式（Hybrid Flexible，简称 HyFlex）和翻转课堂等新教学模式的出现，再到若干趋势的并行出现，为这些技术的进步奠定了基础——这些新的教学模式通过这种愿景相互结合，并最终整合为一个有凝聚力的规范性蓝图，从而最大限度发挥这些趋势的优点。

多年来，从幼儿园的儿童到成年学习者，整个社会均对低成本、易获得性和更普及的教育方案存在较大需求。美国的学生贷款危机、因社会经济地位不同而导致的学习机会存在的巨大差异以及教育机构在少数国家和地区的高度集中，都是这种需求的明显表征。但这些问题本身并未显示出明确而迫在眉睫的特征，当下的教育现状也会因巨大的惯性而延续下去。然而，新冠肺炎疫情大暴发所带来的问题是清晰而直接的，因而为短时间内实现重大变革提供了关键条件。

分布式课堂的愿景为我们解决这些迫在眉睫的问题提供了新的路径，它不只是应对这场疫情的权宜之计，更关系到教育将在未来几十年内应如何发展、如何实施的愿景。新冠肺炎疫情既是一场挑战，也为我们以可持续的方式解决这些问题提供了契机，促使我们去打造一种在后危机时代依旧可行的教育方式。它鼓励我们充满激情地展望未来，而不是在哀叹中留恋过去；我们无须揣测形势会在什么时候恢复正常，而是应学会如何接受当下之"常态"。

目　录

第二部分
展望
未来

第一部分

我们现在在哪里

Chapter One

|

第一章

经典二分法

在过去几年中，由于在线教育的迅速发展，学生远程学习课程和教师远程实施教学计划的参与率已大大提高。根据美国国家教育统计中心（National Center for Education Statistics）提供的数据，在 2018 学年到 2019 学年，34.7% 的大专学生至少参加过一个远程教育班，更有 16.3% 的学生完全通过远程教育班完成学业。在美国的 12 年义务教育层面，大多数州目前均提供免费的虚拟在线教学，此外，在这个领域中，很多营利性机构也在提供完全在线的课堂体验。但与此同时，很多教师、学生和雇主仍对在线教育持怀疑态度。

当然，我们并不是想通过这些研究强调在线教育的增长，实际上我们对此都应该有所感受。当然，我们也不是想告诉大家，在线教育正在受到质疑，这同样是我们都有耳闻的事情。相反，我们之所以提及这些研究和数据，无非是为了说明，这些在线教育研究通常都假定，在线教育和现场教育之间存在不可调和的分界线。如果我们的认识完全依赖这些研究、讨论及法律法规，那么课堂教育和在线教育确实是相互独立的。因此，如果有人提出"如何看待在线教育"或是"在线教育将如何发展"这样的问题，他们实际上是把在线教育视为一种独立的、完全不同的教育模式。

这种区分意义重大。比如，在美国教育部发布的指南中，就专门对在线课堂所呈现的互动给出了特殊定义，要求它们必须"符合常规，且含有实质性内容"，这样的表述显然不适用于现场教学；此外，考虑到新技术的不断涌现，这样的定义显然有失精确。经济援助计划也通常把在线课程和现场学位课程区分开来。例如，宾夕法尼亚州高等教育援助局提供的国家补助金（PHEAASG）就不适合接受在线课程时间超过一半的学生。享受这项补助的学生可能没有资格申请参加在线课程，而远程教育在新冠肺炎疫情大面积传播之前即已成为社会的关注点。因此，一个关键的问题在于，这些规定的前提就是在线课程和面授课程之间的"势不两立"。

这种区别显然存在于不同层次。在最高层面我们可以看到，一个极端是在线大学或学校系统，如阿什福德大学和佛罗里达虚拟学校；另一个极端则是传统的大学及学校体系。此外，我们还可以把这种区分进一步细化，比如传统大学体系提供的在线学位课程，这些课程可能同时设有对应的校园课程，佐治亚理工学院就开设并提供与面授课程完全相同的在线计算机科学硕士学位课程；当然也可能采取完全在线形式，如伊利诺伊大学以在线形式开设iMBA课程，并全面取消在校内开设的面授课程。此外，我们还可以进一步缩小范围，聚焦于某些具体的在线课程，比如按PHEAASG规定针对不能入校学生开设的课程；很多大学还为高中注册双学分课程的学生提供在线课程，如大卫本人在佐治亚理工学院开设的在线CS1301课程。但无论在哪个层面，区别显然是客观存在的。

为什么会存在这些差异？在这种非此即彼的二分法中，一个隐含的前提就是比较。在传统与在线教育环境中，学生的学习成绩会有什么不同？费用会有何差异？访问权限的区别何在？如何使用在线教育为缺乏高质量传统教育的社区提供帮助？在线教育对传统教育所包含的社会功能会带来威胁吗？这些问题被人们一再提及，也进一步强化了两个领域之间非此即彼的区别。

而更严重的问题是，法律、经济援助和公众舆论对待在线课堂的不同处理方式从深层次上表明，在线课堂在某种程度上略逊一筹。在现实中，我们很少看到鼓励在线教育的举措，相反，我们倒是会经常看到限制在线课程数量等方面的规章制度。大学往往会把"在线"这个词与专门以在线教育机制提供的学位联系起来（即函授），也就是说，学位本身就要求不同于面授的教学方法。

当然，所有这些比较都不是公平的。无论是在线教育还是传统教育，都不是各自地区、学校或学科中唯一的垄断者。为说明这种差异的各种形态，不妨以我们在 2017 年 1 月为佐治亚理工学院开设的在线本科课程为例。在研发这门课程的过程中，我们就密切关注旨在说明在线课程学习效果落后于传统课程的研究。我们希望确保对在线课程进行大规模推广之前，能达到与现场授课相当的学习效果。事实也如此，通过我们开发的在线课程，学生的学习效果完全可以达到甚至超过传统课程模式。麻省理工学院和卡内基－梅隆大学的实验也得到了相似结果。此后，这门课程每学期开设一次（合计 12 个学期），共有超过 2500 名学生完成课程并取得学分，该课程也采用过 MOOC 形式；迄今为止，已有超过 1 万多名学生完成 MOOC 版本的课程学习。正是因为这门课程在开设最初几年取得的良好学习成果，它才有可能达到如今的规模。

这些结果与针对在线教育的一项权威研究结果背道而驰。这项研究发现，与传统环境相比，在线环境中的学习成果更容易受到负面因素的影响。针对这一结果，有人指出，毕竟，在麻省理工学院、佐治亚理工学院和卡内基—梅隆大学等知名研究机构，学生们已为通过在线课程并取得好成绩做好充分准备；他们不仅拥有高度的自律性，而且拥有自我调节能力，即使在没有对出勤率进行持续外部监督的情况下，他们也能以高度的自律精神管控自己的学习进度。

实际上，很多认为在线课程效果不佳的研究来自社区大学和提供 MOOC 的机构。因此，有人认为，成绩差的原因主要是学生自身差异所致。而随后的在线课程只是进一步扩大了这种差异，因为在线模式会让高素质学生取得更快的进步。

但包括我们自己在内的其他人，则提出了不同的观点。这些大型研究机构拥有大量资源，而且致力于开发在线项目。在笔者开发在线版的《计算入门》课程时，整整花了一年时间编写教材、拍摄讲座视频并对课程效果进行了初步评估。为此，我们组建了一个由十几个人组成的团队，为笔者提供课程开发支持，他们当中包括视频制作人员、教材编辑人员、项目管理人员、教学技术人员和助教等。在很多方面，我们得到的支持远远超过传统的面授教学模式，当然，一个不可或缺的成功要素还有笔者此前的在线教学经验。我们的在线硕士学位课程，同样是由教授、助教、教学技术人员和项目管理人员组成的团队采用世界一流的设施开发完成的。

尽管我们的全部课程均为异步模式，但这笔投资的成果在同步环境下同样有所体现：2014 年，哈佛大学推出了 HBX 项目，这是一个多功能的虚拟同步课堂，提供了虚拟举手和类似演讲厅之类的视频功能。在新冠肺炎疫情后向远程学习的过渡过程中，这些功能已成为 Zoom 和 Microsoft Teams 等在线教学工具的主要功能。密涅瓦大学是凯克研究生院（Keck Graduate Institute）和"密涅瓦计划"（Minerva Project）联合创建的项目，它使用自主开发的虚拟课堂界面（称为论坛）开展教学，同时具有高效的分组讨论、现场课堂调查和讨论及动态合作等功能。我们在制作高品质视频资料和人工智能自动分级器方面进行的投资，实际上也为高效同步互动的平台提供了技术支持。但大多数学校通常不会在个别课程上投入如此多的资源，而且社区学院的教师在学期开始前几周准备在线课程，也不是什么罕见的事情。那么，如何把这些不同课程类型的学习成果全部归集到"在线"这个大杂烩中呢？

将在线教育与传统教育直接比较，本身就是一种错误的做法：因为在现实中，我们可以采用不同的方式实现这两种体验。和上述统计数据一样，在这个问题上，我们不关心什么是好，什么是坏。相反，我们关注的是，到底应在多大程度上将它们视为势不两立的对立面。我们担心的，也是教师需要解答的第一个问题就是：您选择在线授课还是现场授课？而不是更深层次、更有意义的问题：谁负责授课，什么时间授课，以及如何授课。

分布式课堂

将在线教育和传统教育断然分开的做法会带来很多问题，但在这个问题上，我们最感兴趣的是，这种范式会在多大程度上制约我们的设计决策。在选择现场授课时，我们理所当然地会想到决策面对的几个制约要素：班级规模会受到限制，授课应该是实时现场的，实体课堂是实现所有课堂教学与管理的平台。而在决定采用在线教学方式时，我们可能会做一些假设：教学方式更倾向于采取单向化和异步化的方式，学生之间的互动会受到更多限制，课程评估更趋于条文性和标准化。最重要的是，对在线教学而言，我们可能会丧失实体课堂所发挥的诸多多功能性和教学性作用，譬如，培育边缘社区、支持同伴之间的互动以及促进学生和教师之间的及时反馈等；实际上，我们是在冒着没有教师的情况下开展教学的风险。

但本书认为，我们不应持将在线教学与传统教学视为非此即彼的二分法观念。我们大可不必把大学、课程和课堂贴上"在线"或是"传统"这样非此即彼的标签。相反，我们还有另一种选择：课堂未必要安排在具体的位置和时间。

这就是分布式课堂（distributed classroom）的概念，也是本书所倡导的基本前提。在这种模式中，"分布式"表示课堂不再受时间和空间的限制，而是可以跨多空间位置和时间而分散进行。它打破了传统班级必须集中在同一个房间、在同一时间的假设，也打破了在线课堂应完全脱离实体课堂的假设。

其实，仅仅从这个定义出发，我们即可看到，分布式课堂可采取的方案非常丰富：MOOC、HyFlex 课程、异步在线学位课程、非正式学习社区及诸多可实现分布式学习的模式。在"分布式课堂"这个名称中，"课堂"与"分布式"这两个词是同等重要的。课堂不仅是一个代表任何学习环境的名词，也代表了课堂在传统教育中所扮演的特殊角色，尤其是它在依靠现场交流、面授交流并使用共同有形场所的教学模式中所发挥的作用。尽管实体课堂的某些基本功能也可以移植到其他界面——如开展提问和讨论的课程论坛，同行评审工具 Peer Feedback 和 Peerceptiv，但仍有一些功能无法稳定过渡到异步远程环境，例如在共享式物理载体上进行的课堂小组讨论、创建促进学习课程内容的三维空间、针对在场同学和参与课程材料所形成的简单外围意识（peripheral awareness，人在专注于一件事的时候，注意力会集中在这件事情上，而对周围发生的事情只会给予低程度的关注）带来的群体联系感。即便是对于可分流到其他界面并推进远程异步互动的功能，如果沟通仅依附于静态的二维图像，而非现场实时视频，那么同样可能会在一定程度上丧失这种联系感和移情效应。对此，加州大学洛杉矶分校的心理学教授艾伯特·梅拉比安（Albert Mehrabian）的观点最有代表性，他指出，在人的全部交流中，93% 属于非语言沟通，而在采取纯文本形式的在线媒体异步沟通中，这些非语言沟通可能会丧失。

通过这种方式，我们希望能越来越多地看到，分布式课堂在其他创新性学习体验中得到普及。分布式课堂是一种经过专门设计的课堂组织形式，通过这种设计，学生可在特定的环境制约中，尤其在时间和空间的限制下，取得尽可能完整的学习体验。如果有机会到实体课堂接受面授课程，他们就可以返回校园；如果答应其他同学到另一个地点上课，他们就会欣然前往；如果只能选择远程异步学习，他们就可以采取这种方式。不管面对怎样的具体约束，他们只需放弃与这种约束存在基本关联的学习体验。比如，如果无法参加校内的面授教学，就不必强迫学生与面对其他约束的学生参与相同的远程异步体验。在很多模式关注学习体验的某个核心要素（通常是指学习的内容和考试）时，分布式课堂则试图让学生或听众在现有约束下，取得尽可能多、尽可能完整的课堂体验。在这里，最重要的一点体会是，分布式课堂关注的是实体课堂所带来的各种互动和体验，而不只是最能引发我们刻意关注的那部分互动和体验，如一对多授课及纯粹的同学评议活动等。如何安排这些互动方式，是本书第二部分讨论的主题。在本书的第一部分中，我们将介绍近期的其他趋势和发展动向如何为分布式课堂搭建完美舞台，而第三部分将着力分析这种范式彻底改造和完善教育模式的巨大潜力。

因此，分布式课堂这种范式的目标，就是让我们超越传统教学的约束和在线教学的暂时性，不再让课堂拘泥于某一种独立的机制。通过这种范式，既可以减少现场体验的神圣性，又不会丧失它所特有的严肃性，体现了长期以来在线教育所倡导的优势。在这个过程中，我们还可以免受外界分歧的干扰，为课程交付机制之间的快速转型做好准备，创建一种有能力屏蔽外界环境变化的持久性体验，而不是把它设计成一种后补式应急计划。

这难道不就是混合式课堂吗

如果您正在阅读本书，我们或许就是在浪费口舌。从使用 MOOC 为传统课堂提供支持，到新冠肺炎疫情之后"混合式"课堂的兴起，这种面授教育与在线教育的二分法已在诸多方面遭受质疑。对于这种在线和面授模式相互结合而成的混合式体验，我们的质疑并不新鲜。

从表面上看，混合式教育模式本身倾向于偏离这种二分法。混合式教育模式在新冠肺炎疫情之前即已出现，但疫情暴发对现场授课规模的限制，则大大加快了教学活动向这种混合式教育模式的全面转变。面对 2020 年秋季学期的诸多挑战，混合式教育模式展现出蓬勃发展的趋势，它让大专院校在维持社交距离的前提下，依旧维持了课堂教学的正常规模。

混合式课堂的形式多种多样。在新冠肺炎疫情之前，作为混合式课堂的典型代表，翻转课堂（flipped classroom）已取得越来越多的认同。在翻转课堂模式中，学生可提前观看视频讲座，然后在同步授课时段进行更有价值的讨论。而针对新冠肺炎疫情进行的调整，则催生出另一种模式的混合式课堂：必须把全部课堂的容量一分为三，也就是说，在混合式教育模式中，学生可能每周需要参加一次现场授课，两次听远程讲座，这样，全体学生都有机会轮流参加现场讲座。这种模式最早源自旧金山州立大学布莱恩·贝迪（Brian Beatty）提出的 HyFlex 模式，该模式要求学生可在现场授课、同步在线或异步在线之间进行独立选择。按照我们的逻辑，这种混合式模式应归属于目前越来越流行的"大杂烩"式教学风格，这种风格更注重同步同地授课，但它也提供了其他教学模式。

需要澄清的是：我们是混合式课堂和混杂式课堂的大力支持者；我们甚至为此编写了详细的资料，介绍我们过去几年在校园内进行的混合式学习的成功案例。这些尝试很好地验证了我们调查教学方法所依据的假设。探索混合式教育模式也迫使我们提出一个更深刻的问题：我们为什么要以这样的方式讲授某些主题，是否还有更好的方案去做这件事？混合式课堂给我们提出了这样的问题：在共用课堂成为学生们唯一可轻松进行互动的平台时，却要求他们用 30 分钟听教师的授课，这真的是在合理利用学生的时间吗？是强迫全体学生在完全相同的时间回答问题，而不考虑学生的个人能力，还是给他们独立思考的时间，根据各自的进度提供因人而异的指导？我是做一名一切从零开始、事无巨细的传统型教师，还是为学生提供高质量的基础资源，让他们摆脱对教师的依赖，成为自我支持型的学生？

在这个问题上，我们并不孤立。在新冠肺炎疫情暴发之前，作为混合式课堂的化身，"大杂烩式学习"即已持续升温，但疫情大暴发则成为这一转变的催化剂。作为麻省理工学院与哈佛大学联合开发的大规模开放在线课堂平台 edX 项目的发起人，阿纳特·阿加瓦尔（Anant Agarwal）认为，此次疫情是教育模式向混合式学习方向迈进的重要催化剂，并给以往的传统教育方式带来巨大改进。而 HyFlex 的倡导者则认为，在强调社交距离和混合式教育模式的大背景下，HyFlex 是解决教学能力与出勤率的一种理想机制。笔者曾为《亚特兰大宪政报》（Atlanta Journal-Constitution）撰写了一篇文章，在文章中主张把疫情视为改善远程教学方案的一次机会，这篇文章也是本书最初的创作源泉。

可见，混合式课堂的优势是多方面的。但我们认为，对于在线课堂与传统课堂之间的区分，应从更深层面看待。实际上，在线教育和传统教育之间的区别并不存在于学校、课堂或班级层面，而是存在于其基本构成要素上：混合式课堂兼具在线教育和传统教育的构成要素。但两者之间的二分法始终存在，比如，在翻转教学模式中，确实存在实现在线模式和面授模式相互切换的要素，而在 HyFlex 模式中，也存在需要把学生按不同特征划分为面授、同步在线或异步在线等类别。

在这个层面上，在线课堂与传统课堂之间的二分法或许并无意义；如果区分存在于课堂的构成要素之间，或者学生可定期地在不同模式间进行切换，那么，无论怎样，上述二分法的弊端都会在很大程度上得到解决。毕竟，我们很难对每堂课的每个构成要素做出明确规定，从而对整个学位或学校的教学方式实施全程监控。此外，如果教师已经在考虑同时采用在线和传统教学要素，那么他们很可能会权衡每一种要素的优势，而不是完全局限于某一种模式。

但是，在混合式课堂和分布式课堂之间，我们所看到的更大差异体现在范围和影响上。所有具体形态的混合式课堂都强调采用传统课堂的基本框架——学生的人数、相关的日程安排及考试测评方式，等等。在此基础上，再以在线工具强化和改进这些功能。毋庸置疑，这些措施是值得尝试的。而分布式课堂则强调，在这些决策中有多少可通过在线方式扩大规模和影响力。在混合式课堂模式中，我们需要解答的问题是：怎样才能同时使用传统要素和在线要素改善课堂体验？而在分布式课堂模式下，我们需要回答的是：如何在设计方案环节消除访问障碍？如何在全球范围内大幅增加潜在学习者的数量？

这难道不就是 MOOC 吗

在我们开始谈论访问权限、规模、影响和成本等问题时，就会自然而然地进行另一种比较：大规模开放的在线课程，或者说 MOOC（慕课）。在进入新千年之际，这些模式大规模增长。在《高等教育的革命》（*A Revolution in Higher Education*）一书中，里奇·德米罗（Rich DeMillo）全面记述了在线教育的成长及社会影响。该书将在线教育的历史起点追溯到 MOOC，并一直延续到我们目前正在启动的项目，也就是我们在佐治亚理工学院开设的在线计算机科学硕士学位课程（OMSCS）项目。

在 MOOC 出现的十年中，在线教育经历了一轮典型的炒作周期：最初，曾被吹捧为解决所有高等教育弊端的万能钥匙，随后却因无法兑现目标而饱受诟病，并在世纪末最终发展成为一种实现在线访问和拓展的工具。尽管这种模式已成为潮流，但却并未像人们最初所预见的那样，对典型高等教育构成生存威胁。然而，新冠肺炎疫情再度引发了 MOOC 的流行升温。经济困境和社交距离造就了一场完美风暴，也成为低成本、居家在线教育再次流行的最大动力。至于这种趋势是否会激发 MOOC 进入第二轮暴发期，抑或是回归之前的角色，目前做出结论还为时过早。但随着大多数机构开始开设相应课程，各大学得以借鉴现有的高质量内容，为实现向远程教学的快速转型提供支持，而 MOOC 也在这个过程中再度焕发新生。

从分布式课堂的角度看，MOOC 代表的是一种极端情况：尽管在时间和空间上的分布近乎完美，但缺少传统课堂的诸多要素。它确实取得了很大成功，但也遭到很多批评家的质疑：MOOC 未能体现出学习体验的关键要素。这些指责也反映在学生的体验中。MOOC 代表的是一种严重妥协：为扩大使用范围、自动评分和降低成本，我们只能放弃难以拓展的要素——学生与教师之间的实时互动、严格的评分及个性化反馈。对大多数的 MOOC 学习者而言，问题可能不在于 MOOC 和传统课堂的差异，而是在于 MOOC 本身。很少有证据表明，它们的增长正在削弱传统教学模式，但它的成长毋庸置疑。所有这一切意味着，MOOC 是一种全新的模式，而且正在发掘尚未触及的全新受众。

分布式课堂则是对这种妥协的检验，而不是判别。MOOC 确实发挥了重要作用，我们也倾向于认为，MOOC 可以而且应成为分布式课堂的一部分，但它毕竟局限于分布式课堂的部分，而不能代表分布式课堂的全部。分布式课堂的作用就在于填补从传统课堂到 MOOC 之间的空白，而且只有在逐步提高各个层面规模和范围的时候，才需要进行适当的折中。

现有状况

为体现这种从对立（总体上体现于传统课堂与在线课堂之间的区分，但最终则体现于传统模式与 MOOC 模式之间的差异）走向综合的转变，我们不妨看看一个如雷贯耳的项目：佐治亚理工学院的在线计算机科学硕士学位课程项目。有关这个项目的文章早已屡见不鲜，但是要理解它在传统模式和

MOOC 模式之间所处的地位，显然还有一些相关细节需要介绍。该项目于 2014 年启动，它是参照 MOOC 模式开发而成：所有课程内容均预先录制，而且无须进行强制性的同步对话。但除了以预先录制内容代替现场授课之外，该项目与校内面授课程在总体上完全相同：作业和项目练习基本为开放式，由助教人员在校内教授指导下进行评分；所有问题和讨论在课程论坛上进行（我们提到的示例为 Piazza）；采用监考工具和剽窃检查器维护学术道德。课程仍按大学学期的课时表进行，包括学期开始日期和结束日期的设定，与校内课程表保持一致，因此，该项目相当于某些 MOOC 采用的集群模式（cohort model）示例（而不是完全采取独立设置的进度）。因此，这门课程具有与校内课程完全相同的认证：在线课程所授予的学位证书上并没有出现"在线"一词。因此，它所授予的计算机科学硕士学位与佐治亚理工学院在亚特兰大或全球各地的其他校区授予的学位完全一致。这个项目取得了巨大成功：为获得这一学位，学生可在全球任何地方报名，而且可在非正常授课时间听课。到 2020 年秋季，我们的在校学生人数已增加到 10600 名（包括超过 3500 名毕业生）。随着入学人数的增加，以及对校内面授教学设施需求的减少，学费也开始降低：完成学位学习的总费用在 6900～8400 美元之间，具体数字取决于学生一次选修的课程数量，但就总体而言，费用仅相当于完全寄宿制学费的一小部分。自启动以来，该项目还在佐治亚理工学院开设了其他两个学位，分别为在线分析学硕士和网络安全硕士。到 2020 年秋季，这三个学位合计招收 15366 名学生，占该学期佐治亚理工学院总注册人数的 39%。自 2013 年以来，佐治亚理工学院的总注册人数几乎增加了一倍（从 21472 名学生增加到 39773 名学生），其中，84% 的增长均来自这三个在线课程。其他大学也开始纷纷效仿，目前开设了近 50 个类似项目，其中的大多数在线项目与麻省理工学院和哈佛大学的 edX、斯坦福大学的 Coursera 及英国公开大学的 FutureLearn 等 MOOC 模式提供者合作。

我们的在线计算机科学硕士学位课程被公认为第一个"基于 MOOC"的硕士学位，但正如上述解释所言，它包含了大多数 MOOC 模式不具备的很多功能，如人工评分、开放式作业以及对学术道德的验证等。我们从 MOOC 模式借鉴的功能则包括：依赖高质量的预先录制的课程内容、采用基于集群（非自定义进度）的异步投放模式、向非注册学生承诺免费提供公开课程内容、始终强调受众的可承受能力以及对可扩展性的重视。实际上，自 2020 年秋季以来，我们在没有正式 MOOC 合作伙伴（如 edX、Coursera 或 Udacity）的情况下即已开始实施在线计算机科学硕士学位课程项目，但其 MOOC 模式的特征依旧存在。

因此，我们开设的在线计算机科学硕士学位课程在传统课程和 MOOC 这两种极端模式中间增加了一个新的中间体：它既保留了授予学位所必需的基本要素——人工评分和学术道德的验证，并在实现规模所需要的那些功能上做出妥协，例如同步出勤率。通过这个模式，可以看到规模、访问权限和成本之间的相互作用：访问权限的普及会增加注册入学的人数，进而形成规模经济，并导致成本下降。但关键在于，学分制计划抛弃了 MOOC 模式的部分宗旨：既不能让规模过于庞大（因为入学人数越多，就需要聘用越多的教职工，比如说，我们在本学期聘用了近 400 人），也不能采取开放入学方式（尽管该项目对课程内容本身采取免费开放的访问方式，但学生必须经录取后才能入学）。诚然，低成本、学位课程的大规模供给已成为事实（也就是我们所说的 Limeades：大型互联网载体异步学位），但实际上，基于 MOOC 的硕士学位往往是在牺牲 MOOC 固有要素基础上出现的。

这个问题的关键是，牺牲仅限于项目必须放弃的那部分要素。因此，项目中的课程同时以两种形式存在：①具有人工作业评分、学术道德验证以及与教师互动的学位学分课程；②内容公开、自动评分且无登记费用的开放性课程。有些项目则进行了进一步的区分，例如，edX 项目开设的 MicroMaster

课程便介于 MOOC 和我们所采取的课程模式之间，它保留了现场课程体验的大多数要素（如人工作业评分、监督性考试和基于集群的授课时间表），但不要求学生提出申请并取得批准，任何人均可注册听课。但作为代价，参加 MicroMaster 课程的学生不会取得全部课程学分，而是只取得一份结业证书，如果他们希望继续修完全部课程，可凭借这个证书申请免修学分资格并取得学位。在这个模式中，实际上就是以规模更大、条件更宽松的入学资格换取自动取得的课程学分。

而分布式课堂是上述各种尝试的结晶，代表了从传统课堂到开放式 MOOC 的综合发展过程，并成为两者之间相互折中、相互融合和取长补短的产物。这些尝试并不是为了找到最完美的折中点，而是为了最大限度扩大课程的普及范围。对依旧能以传统模式上课的学生和班级而言，还是应该对传统模式予以保留；对只能通过合理折中听课的学生——比如需要在不同时间段或是经历长距离出行才能上课的人，只需采取必要的折中；对需要免费访问或采用开放入学等极端方案的人来说，应保留类似于 MOOC 的模式。分布式课堂追求的是课堂体验，并把这种体验分布在不同的授课模式中，从而让所有学生获得尽可能不失真的课程体验（或是以新技术和新的激励措施改善课程体验）。

这在理论上似乎是可行的，但在实践中真的能够实现吗？应该由谁负责设计每一门课程和任务呢？如果最终需要设计出多种不同的产品，那么，需要实施的工作无疑是艰巨的。我们认为，要解决这个问题，可以从一开始就采用分布式课堂的思维方式。首先，如果脱离实体课堂或 MOOC 平台的具体约束去认识这个问题，就可以创造出能在不同模式之间快速转换和渗透的学习体验。而这就需要我们重新识别向在线过程转型中放弃的诸多要素，这也意味着在专职教学人员的支持下，即使是在线学习的新手也可以使用这种方法。在实践中，这也是实现分布式课堂的主要目标之一：不要额外占用大量的专职人员或是复杂的额外培训，而是在当下能力范围内，最大限度利用现有教师资源，或是最大限度减少对额外教育资源的需求。

最重要的是，对很多以惶恐之心看待在线教育发展的人来说，这个愿景将为他们所畏惧的反乌托邦未来带来慰藉。这种愿景当然不能预见未来——像塞巴斯蒂安·特伦（Sebastian Thrun）（前谷歌副总裁兼 MOOC 提供商 Udacity 的创始人）所预测的那样，尽管个别大学的影响范围正在迅速扩大，但最终只会留下十所大学。相反，在它所预测的未来中，随着教育资源访问权限的扩大，将让所有人成为潜在的学习者。分布式课堂不只是打破"教育民主化"运动所强调的学术内容障碍，也打破了整个课堂体验所面对的障碍——包括同学之间的实时互动以及对学习能力进行可靠的评估。如果我们同时把全世界的学习者数量增加三倍，那么，所有学校的规模都会无一例外地增加三倍。

全书结构

本书全面介绍了分布式课堂教学模式的构想，包括这种模式的内涵、方式及原因等诸多方面。第一部分介绍了在线教育发展的前提和基础：在第一章，我们介绍目前在线教育与传统教育之间的关系，并进一步探讨未来的发展方向——一个分布在不同时间和空间的课堂。在第二章，定义了分布式课堂的两个基本特征——空间位置和时间，并在强调学生与传统教学及同学之间相对空间和时间关系的前提下，把它们分解为不同层级。第三章介绍了目前实施分布式课堂所完成的任务，包括远程学习的趋势以及大规模学位教育的普及技术，如学习管理系统和课堂讨论论坛等。第三章表明，即使是我们所说的"传统"教育，也已开始出现了相对分散的趋势。

在本书的第二部分中，我们提出了在实践中实现分布式课堂的基本蓝图。

其中，第四章阐明了分布式课堂的内涵，并根据第二章所提出的空间和时间范围，阐述了这两个变量的全部组合。为此，我们创建了"分布式课堂矩阵"模型。在第五章中，我们定义了分布式课堂设置的终极形式：对称性。从教学角度看，分布式课堂可以实现的最大成果，就是学习体验的对称性，它让学生和教师可以在"分布式课堂矩阵"中自由选择——在无须对具体班级或学生集群进行重大调整的前提下，按不同的空间和时间组合提供教学。第六章深入探讨了在现实中兑现分布式课堂模式的诸多细节，剖析了助教、技术支持人员和教师在把体验转化为现实过程中分别需要承担的职责。

随后，在第三部分，我们可以看到大力推广分布式课堂可能带来的积极及消极影响。第七章探讨了这一愿景的效应、对不同学习受众群体带来的影响、与财务和规模经济的交互作用及其对维护学术自由性和多样性的影响。在第八章，我们分析了这些尝试消除高等教育现有制约的举措的积极意义，并深入探讨了不同学习者的差异性需求，以及分布式课堂如何与教育项目的其他要素相互分离，从而为学习者创造更多的学习机会。第九章讨论了人们对分布式课堂模式的顾虑及其固有风险，以及分布式课堂如何成为积极向好的变革力量，而不是加剧学习资源的集中化。第十章定义了分布式课堂的长期梦想：造就一个全新的学习环境，让终身学习成为一种规范，而不只是目标，让学习适合学生的生活，而不是以牺牲生活而获得学习机会。

本书的读者群体

本书的目标读者包括教师、教学管理人员、课程设计师和学习者。可以想象，这也是我们在教育职业生涯中可以承担的全部四个角色。作为本书的作者，大卫本人曾讲授 50 多门在线课程，接待了 2 万多名在线学生。在过去的 20 年中，查尔斯也讲授了 29 门在线课程，其学生累计人数超过 12000 人，并开设了数十门面授课程。目前，我们两人均担任学院的教学行政管理职务：查尔斯目前是计算机学院的院长，而大卫则担任在线教育执行总监。在担任这些职位之前，大卫曾是一名教学设计及课程开发人员，帮助其他教职员工开发在线课程教学。当然，我们本人就是终身学习者。

如果您是一名教师，本书将为您提供一种全新的愿景：在日益复杂的世界中，面对不断变化的需求和约束，我们应如何发挥自身价值，如何获得教育。这个愿景至少可以让我们摆脱部分束缚，而在班级人数、教学方式和个人食宿等现实问题上，给我们带来更多的期待和兴奋，而不是畏惧和逃避。当然，在某些情况下，些许的矛盾不可避免。但最重要的是，这个愿景力求提供一种切实可行的方法，让我们继续发挥在职业生涯中积累起来的能力和最佳实践，而不必从头开始去认识和熟悉在线教学。对一本探讨教育模式的书籍而言，我们对教育学的谈论确实有点少，但这么做是有原因的：因为这种模式的宗旨，就是让现有的教育学知识继续在新的载体中发挥作用；而我们的目标，就是把所有适合实体课堂的工具用于分布式课堂，与此同时，为进一步探索各种教学方法开辟新的环境和机遇。

如果您是一位教育管理者，本书力推的数字化方案将在降低成本和增加入学率等现有目标的基础上，给学生带来更多的实惠。此外，本书旨在鼓励我们对未来数字化教学的普及采取乐观态度，而不仅仅是为了求得生存。因此，分布式课堂的宗旨之一，就是增加全球学习者的总体数量，也就是说，教学规模的扩大并不依赖于吸引其他学校的学生。相反，它启发我们首先去考虑如何普及教育，覆盖那些目前尚未得到教育机会的人，或至少是那些因其他限制而无法接受教育的人。

如果您是一位课程的设计开发人员，那么，本书则有助于您采取一种似曾相识的视角去认识新课程的设计过程。本书提出了很多极具实用性的思维和方法，它们能最大程度发挥我们以前曾经采用的设计方法的优势，如

HyFlex 和翻转课堂，并通过这些新的设计方法创造更广泛的影响。具体而言，本书鼓励我们关注一些貌似微不足道、尚处于雏形且风险非常低的思路，并期待它们可能在日后带来更大、更广泛的影响，从而允许我们实现课程内容的分享、重复利用、改进或更新，而无须一切从零开始开发或是讲授相同的内容。在这一领域，很多微小的决策就有可能带来巨大影响。此外，本书还建议我们厘清不同元素在课程设计中的功能和角色，以及它们在时间和空间上实现进一步普及的潜力。例如，除同步和同地集中学习之外，我们还要认识到为远程异步用户提供测验或考试的必要性，因为这些要素同样是决定考评设计的基本要素——这些要素最初或许不难解决，但是在针对后期分布式用户进行重新设计时，或将变得非常复杂。

如果您是一位学习者（不管您的真实身份是教师、教学管理者还是教学设计者，我们始终希望您是永远的学习者），当学习正在成为我们终身需求的时候，每个人都有可能对未来的学习任务感到茫然而不知所措。我们的世界瞬息万变，因此，短短 4 年制的学位学习经历，显然无法为我们提供足以支撑 40 年职业生涯的技能。但问题的关键永远不在于需求，而是可行性：在这个时代，学费动辄数万美元，而且大多数优质高等教育方案都需要我们放弃工作和休闲时间，在大学校园内度过大量时间。但是作为终身学习者，我们要养家糊口，更免不了吃饭睡觉，因此，我们同样需要持续工作。那么，我们该如何平衡自己的生活与学习呢？要获取更便利、更轻松的学习方式，是否唯有降低生活质量或是在生活的其他方面做出牺牲呢？对读者而言，本书为我们提供了一个兼顾学习机会和生活质量的路线图，寻求让我们成为终身学习者而又不必以生活换取学习的教育机会。

本书不涉及的内容

在集思广益、潜心编写本书的过程中，我曾试图将很多主题纳入这本书中。如果那样的话，我们将看到一本无所不包，或许有上千页的大百科全书，至于分布式课堂，或许只是其中的一小部分内容。不过，我们还是决定瞄准目标，将关注点集中于分布式课堂这个主题上。因此，在这本书中，您或许不会看到自己感兴趣的题目。

　　首先，对于一本讲述教育的书而言，我们不会频繁涉及现实中的具体教学方法。原因很简单：分布式课堂的一个基本目标就是创建一个最基础的架构，让课堂体验按不同的时间和空间组合实现传播和分布，而不要求教师大幅调整课堂教学内容。很多教学方法在实践中都会遇到困难，让教师感到举步维艰，原因不难理解：尽管这些方法都有良好的初衷，但是要成功地落实到教学实践中，则需要每位教师按需裁减，彻底改变原有的教学实践。而我们的目标则是创建一种最基础的机制，充分利用和引导教师的现有模式。这意味着，无论教师在课堂上采用怎样的教学方法，我们都希望把这种方式复制到在线教学中。我们不会费尽心机地去穷尽每一种具体方法，相反，我们强调创建一种尽可能保留更多课堂基本特征的体验，从而确保这些具体方法顺利转换到在线模式中。在这个框架内，适用于一般教学和具体在线教学的优质资源不计其数，因此，它们不仅适合本书所倡导的目标，也是对这些目标的有效补充。

　　不过，我们也不应就此认为，传统的现场课堂体验完美无缺，它就是适用于所有教学模式的黄金标准。我们当然承认，在现场模式的面授课堂教学中，有些显性或隐性功能确实难以转移到线上，但还是会有很多人注意到异步教学模式带来的功能优势。例如，能力素质教育已成为一种新的学习运动，按这种观点，一旦学生在某个领域展现出突出的能力，就应让他们沿着这个方向继续发展，而不考虑到底要花费多少时间。从理论上说，虽然这种方式似乎更符合 MOOC 的自步式（self - paced）学习特征，但仍可在传统环境中得到运用。更重要的是，由于它是通过异步在线机制进行的，消除了同步同地模式的固定上课时间对学生接受教学的限制，使得这种方式突破时间与空间的限制，实现更大的发展潜力。此外，它与分布式课堂完全兼容，而且在现实中，分布式课堂本身就为把学习体验的某些要素设计为同步或异步模式提供了一种框架。对于分布式课堂，我们的一个基本目标就是建立一种框架，使现场教学的所有体验均能在不同的空间和时间上实现分布。这样，教师就可以独立选择这种体验中的任意内容。而我们的目标就为他们提供最大程度的选择范围。

最后一点，本书的主旨并不是讲述佐治亚理工学院在线计算机科学硕士学位课程项目的历史和内容，尽管我们确实从其中汲取了很多宝贵的经验和教训。本书的意义远不止我们在课程范畴内采取的措施。它涉及我们认为自己可以完成的所有事情，毕竟，我们已对这个领域掌握了全面而深入的认识。在教育发展的全部历史中，我们都在体会同步面授课堂的价值；而且在开办在线计算机科学硕士学位课程的短暂历史中，我们则看到异步远程教学的成功之处。因此，本书把这两种体验作为全部教学模式的两种极端状态，并进一步探讨在两种极端状态之间可以尝试的其他设想。

第二章
空间和时间

按照我们对分布式课堂设想的愿景，就是要实现跨时空分布的课堂体验。但是在开始实现这一愿景之前，我们首先要厘清"空间"和"时间"的真正含义。如果混淆它们的定义，就有可能导致我们在关键时点提供完全错误的信息。比如说，在讨论 MOOC 时，我们经常会把课程描述为同步性（synchronous）和集群式（cohorted）课程，或是异步性（asynchronous）和自步式（self-paced）课程。在所谓的"同步性"MOOC 课程中，一群学生在同一时间集中听课，并按相同的截止日期结束学习，其目的就是通过与他人在相同时间获得相同的体验，从而营造出更多的集体感受。但几乎在所有的"同步性"MOOC 课程中，都不存在名副其实的同步性：实际上，学生仍可按适合自己的时间完成作业，通过异步论坛而非同步课堂进行互动。即使是那些提供某种同步机制的课程，也将其作为可选方案。例如，很多 MOOC 课程通过 Slack 或 Discord 软件进行实时聊天，但只是把它们作为可选择的附加性沟通渠道。因此，尽管共享和集群特征使得这些课程并不具备真正意义上的自步性，但至少与纯粹的实时同步性课程相比，它们的基本特征就是异步性。实际上，这种差异表明，对同步性和远程性的描述可以采取不同的定义。

时间空间矩阵

在采取计算机支持的协作工作技术（CSCW）领域，时间空间矩阵是最常用的理论工具模型。时间空间矩阵从时间和空间两个维度考察了个体之间的交互作用。每个维度均由两个相对离散的变量构成：其中，时间变量分为同步和异步，空间变量被设定为同地和远程。据此，我们可以得到图 2 – 1 所示的四个象限：

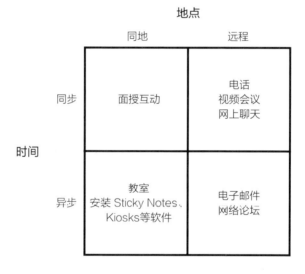

图 2 –1　时间空间矩阵

我们可以把这个框架用于现有的很多教育环境。例如，典型的现场课堂应属于"同步同地"象限，在这个象限中，学生之间进行面对面的互动，并和教师共处于同一个空间位置。这种同步同地模式适用于多种场合，包括演讲、课堂讨论、小组工作和考试；在这个象限，核心就是我们可以随时使用同步同地模式。

　　远程对话和远程学习课程通常出现于"同步远程"象限内，这是一种不在同一地点进行的同步性体验。这种模式在新冠肺炎疫情暴发之后尤为普遍：讲师通过电话会议进行教学，所有学员可同时登录同一个网址，而不是集中到实体课堂上。这种模式既可采用现有的电话会议工具——如Zoom或Microsoft Teams，也可使用专门的同步远程课堂工具——如前述哈佛大学的HBX课堂或"密涅瓦计划"。某些情况下，同步远程模式下的学习体验实际上就是对同步同地体验的补充，在两者结合的基础上，远程听众可以观看课程的直播。这可能也是我们对分布式课堂的第一印象：将一个班级分布到同步同地和同步远程体验中。从这个角度看，通过电视直播的所有体育比赛和娱乐活动均可视为分布在同步同地（针对现场观众）和同步远程（针对电视观众）两个象限中的体验；当然，我们还可以将现场观众观看的节目传送到"异步远程"象限。在新冠肺炎疫情暴发之后，有些学校在"同步远程"象限中进行了其他形式的尝试；由此出现的一种教学模式就是"自习室"法（study hall），也就是说，在特定的上课时间向远程听课的学生布置作业，但他们的学习基本是独立进行的。教师可通过聊天软件或电话会议工具实时回答学生提出的问题，但电话会议本身并不是体验的主要动因；相反，尽管时间是固定的，但学生的学习过程本身有较大的独立性。

　　因此，典型的MOOC模式符合异步远程象限的特征。不管学生是按固定时间进行集中式学习，还是选择纯自步式模式，这类课程均依赖于互联网获取资料，这就消除了进行同步或同地式互动的必要性。但传统教育也不会完全脱离异步远程方式；"家庭作业"这一概念本身，即可视为是对异步远程环境的利用：教师以异步方式为学生进行授课，然后，学生稍后可在各自的空间完成学习任务。随着技术在传统教育中的渗透日趋强化，异步远程互动也开始越来越重要：即使是在现场课堂环境下，教师也可以使用学习管理软件发布通知、收集作业并提交成绩，从而把更多的课程管理任务转移到异步远程象限。

作为我们讨论的最后一个象限，异步同地模式似乎略有反常：怎样才能在相同时间和不同地点进行集中式学习呢？不可否认的是，这种方式仍在传统课堂设计中占据重要地位。在初中课堂上，教师可能会把学生的作业贴在墙上，为各班级间的沟通提供一种被动机制。学校可采用创意墙来收集信息，或者为学生提供表达观点的空间。从分布式课堂角度看，在我们为体现空间特征而重新解释"同地共处"这个概念时，异步同地模式必将呈现出新的含义：对异步学习者而言，重要的并不是他们是否身处同一空间，而是各自所处的空间是否支持他们进行相同的活动和行为。

在我们重新审视如何以不同结构设计学生体验时，时间空间矩阵已成为一种非常有价值的工具。例如，混合式学习就着眼于这样一个事实：在设计一门课程时，最稀缺的资源就是学生的同步同地时间。一门课程每周可能只有三个小时。因此，必须把这三个小时用到需要在"同步同地象限"内完成的任务上，这一点类似于翻转课堂模式。然后，我们可以看看通常在这段时间内发生的事情，并确定是否可以把它们转移到"异步远程象限"，以便充分利用有限的同步同地时间。

矩阵本身就是我们认识教学互动的一种有效方式，它对设计学习体验的影响是直接的：通常，我们进行设计时所处的象限取决于外部要素，而不是我们可以自由选择的。比如说，从一开始，我们就知道应采取现场授课还是远程授课，以及是否可以预期学生能在具体时间登录。这也是我们继续设计课程的起点。分布式课堂的目标就是跨越这些象限进行课堂设计，而不是局限在某个象限之内；它不是针对每个象限独立设计的课堂体验，而是要设计一个同时涵盖多个象限的整体课堂结构。

扩展模式下的时间空间矩阵

在开发分布式课堂教学模式时，我们需要对通用结构进行如下两个方面的补充：结构和语义。通过这些调整，可以反映我们为某种教育体验所设计的现实，并把关注点转移到我们希望通过分布式课堂所实现的目标上。

按照标准定义，同步性和同地性与原始授课方式有关：这种方式的设计通常以学生—教师的视角为出发点，尤其关注学生与教师是否身处同一房间。不过，我们往往希望保留学生之间的互动，或是与所谓助教而非教师本人进行的互动。在这种模式下，助教对内容和知识的体验少于教师，但多于课堂上的学生，他们自己需要按讲师的设计和指导进行活动。因此，他们的任务就是促进小组互动，直接为学生的作业提供个别反馈，回答无须讲师的专业知识即可回答的问题，并把确实需专业知识才能解答的问题提交给讲师。助教在大型课程中很常见——我们的在线计算机科学硕士学位课程每学期聘用300多名学生，我们的校园项目也聘用了几十名学生。在规模较小的课程和12年义务教育课程中，经常也需要这样的辅助人员，他们通常是承担辅助任务的专职人员，承担为学生提供个人教育计划（IEP）及其他后勤服务等辅助性事务。我们将在后续部分介绍助教的职责和作用。

从这一现象中，我们可以得出一个重要结论：在经典的时间空间矩阵中应存在一个中间层次。同步性和同地性这两个特征不仅可以从学生交付原始内容时的位置来考虑，而且还可以从学生相对于同班同学和助教的位置来判断。如果一个人恰巧是传统模式中的学生，那么这种特征在传统模式中会自动出现，但传统模式中的出勤却不一定要求学生和其他同学及教学人员有同步同地模式的教室。

因此，为了给分布式课堂提供有效支持，我们须对时间空间矩阵进行结构调整，在每个维度（变量）上插入一个中间值。这样，在同步异步这个维度上，我们将会看到三个层次：

- 与原始课堂保持同步：学生以现场或远程方式参与原始课堂的授课。
- 与集群同步，与原始课堂异步：学生和助教以同步方式参与集中授课，共同观看或学习原始的教学材料，并在现场课堂互动时暂停学习，加入学习群组开展讨论。
- 仅有个别学生采取异步模式：学生完全利用自己的时间消化课堂资料，而不是由采取异步模式的学生按预先确定方式进行集中性实时互动。

其次，在同地远程这个维度上，我们同样可以得到三个层次：

- 与原始课堂在同一地点：学生身处教师最初提供教学的地点。
- 全体学生集中到同一个地点：全体学生集中到一个房间，共同接受学习体验，但该地址未必是教师最初提供教学的地点。
- 仅有个别学生采取远程模式：只要有能确保出勤率的软件技术支持，学生可在任何地方听取课程。

通过这些附加的中间层次，我们可以建立一个扩展性的"分布式课堂矩阵"。本书第四章将进一步讨论矩阵各要素如何在实践中发挥作用。但即使不考虑这些要素，我们也能感受到这种方法的潜在价值。在需求较高的领域，提供先进教学内容的一个关键性制约因素就是有能力讲授这些内容的教师。即便在较为成熟的领域——如 K12 教育（是指从幼儿园到相当于高中三年级的 12 年义务教育，也是国际上对基础教育阶段的通称），尽管针对如何让新教师进入角色已形成完整的培训制度，但个体差异仍是非常巨大的，而且要求教师同时担任很多职能性任务。这种方法的部分优势在于，它可以把构成体验的诸多要素（如原始课堂授课）分解为可重复使用的工具。这就消除了一位优秀教师或主题专家可指导学生数量的上限，因此，他们的教学内容可以面向无限数量的学生，而无须额外增加教师的工作量。比如说，在每个学期，我们通过视频课堂授课的学生人数合计超过 3000 人；为这么多的学生提供现场授课，这本身就是两份全职工作。但由于我们能充分利用这种标准化工具，因此，除担任课程执行主任和学院院长职位之外，我们还承担授课任务。但更有趣的或许是，即使是离开佐治亚理工学院的教授，依旧可以发挥作用，继续讲授这些课程，因为课程内容始终有效，学生和教师依旧可以使用这些内容；也就是说，即使掌握必要知识内容的教师离开原岗位，也不会导致这些课程被取消。

当然，这本身并不是什么新鲜事，其实这也是可汗学院和 edX 项目等所有在线教育平台的初衷——通过英国开放大学（创建于 1969 年，是世界上第一所成功落实远程教育的大学，其本身就已经超前于当时社会）等渠道，利用广播电视方式播放课程视频。但这些措施显然应归属于异步远程象限（而在便利快捷的个人远程通信出现之前，则属于同步远程象限），因而难以实现课堂互动。这个新维度带来的一个显著变化就是在发布和沿用原始课堂演示资料的同时，保留了课堂模式的机制及互动。因此，大规模分布式教学或许无须放弃真实的课堂体验——也就是说，在两者之间进行适当折中并保持各自优势，依旧是可以实现的。

但这种转换本身带来的影响是有限的。如果我们只是把这种分布式课堂当作一种教学方式，让教师为一群在时空上相互分离的学生提供教学，那么，其用途似乎是有限的：一群学生同时集中到一个教师无法到达的地点，在现实中发生的概率会有多大呢？这或许适用于远程模式的员工培训，但显然与大多数正规教育关系不大。

这就引申对出时间空间矩阵的第二种调整，而且这种调整更多地体现在语义背景而非结构上。尽管并非刻意而为之，但我们的确可以看到，时间空间矩阵在现实中的运用绝大多数出现在某个特定象限：同步同地、同步远程或异步远程的交界处。分布式课堂有着不同的目标：在尽可能不增加人工投入的情况下，设计出能覆盖若干象限的学习计划，而不是把教学局限在矩阵的某个象限内。

在这个矩阵中，每个象限都代表一种折中方案：我们不能说，在助教参与下取得的体验完全等同于学生在原始课堂接受教师授课所获得的体验。但是在很多主题领域，对原本可得益于这种体验的绝大多数学生来说，同步同地性参与是不可能的。在采用异步 MOOC 或播放预先录制的授课视频之类的替代方案时，其带来的损失远远超过很多学生必须放弃的好处。因此，矩阵所强调的是提供一系列可供选择的折中方案，在无须教师额外付出大量工作的情况下，克服各种制约因素，让学生以最小损失博取最大收获。

|

第三章
最新进展

随着跨时空学习体验的各种分布性要素持续快速发展，分布式课堂在现实中的可操作性也大大超过以前。这种可行性在一定程度上源自视频流业务和学习管理系统等技术创新，还有一部分原因则是异步及远程方案的综合发展。但我们的开发并不完全针对分布式教学，而是始终致力于扩大课程的访问范围、改善现有系统以及解决当下迫切任务。当然，这些发展也确实为追求更有凝聚力的愿景创造了环境。因此，要理解分布式课堂的适应性，首先就要从这种方法出发，解释当前实务操作中的某些具体问题。

在解读这个观点时，我们需要站在分布式课堂的视角，去认识当下教育的五种基本趋势。所有这些趋势都旨在重现以往唯有在同时同地条件下才能获得的体验，并将这种体验在一两个维度上实现分布。这样，我们就会发现，传统课堂已经在趋于分布化，而更纯粹的传统远程方案或异步方案也逐渐成为主流。综上所述，我们或许可以这样认为，在现实中，分布式课堂体验本身就是我们必须采取的最后一步，而非第一步。因此，我们会看到，在分布式课堂矩阵的每个象限内都存在着形形色色的课程模式，而且这些模式完全可以拓展到其他象限。

————

需要提醒的是：这些观点源自我们的实践——在深入参与佐治亚理工学院在线课程项目的过程中，这些观点不断浮出水面。某些观点是之前从未有人想到过的，是我们最早提出来，然后得到了其他人的首肯；但更多的想法还是来自与其他学校及大学的合作。当然，我们的初衷并不是告诉大家，这类措施是佐治亚理工学院所独有的，相反，我们只是希望分享自己的感受，用亲身经历去深入解析这些观点。其他很多学校也会在这方面采取类似举措，而且我们完全可以预见，它们的实践同样会证明，分布式课堂将成为教育事业的总体发展趋势。

传统的远程学习

跨时空分布式学习的观点其实并不是什么新鲜事物：远程学习早已打破这些已存在近200年的时空束缚。1840年，英国教育家艾萨克·皮特曼爵士（Isaac Pitman）爵士首次以信件形式开设介绍"皮特曼速记法"的函授课程。芝加哥大学于1892年开始设立函授形式的课程。这些课程通过学生和讲师之间的往来信件进行。随着技术的进步，远程学习方式也随之发展。当时间来到20世纪，威斯康星大学开始采用留声机录制演讲，并把这些唱片邮寄给学生，学生独立安排学习的时间和地点。1948年，约翰·威尔金森·泰勒（John Wilkinson Taylor）提出以收音机讲授大学课程的构想。到20世纪70年代，英国开放大学开始通过电视讲授课程内容。进入20世纪八九十年代，以弹性开设职业培训为目的的职业技术课程开始兴起，他们向学生邮寄包含课程内容的录像带，学生使用家庭设备即可学习课程内容。

从分布式课堂以及时间空间矩阵的角度看，我们很容易把这些授课方式纳入相应的象限中。这些模式大多属于异步远程象限，学生在时间和地点上与原始授课内容分离，并通过某种异步方式接收内容，而后再以相同的异步方式提交作业并接受评分。有些课程须采取远程实时授课方式，比如大学开设的广播及电视教学课程。但即使在这些情况下，几乎也没有证据表明，远程学生在同步模式下进行的实时互动可以改进学习体验。相反，同步性反倒成为一种技术约束。在大规模发送内容还只能通过电波来实现的时代，异步内容的传递当然也只能依赖于邮政服务等低速低效方式。

在这种情况下，远程学习体验在任何方面都无法与传统体验相提并论。但另一方面，对由于成本或地理位置等因素而无法到现场听课的学生来说，远程学习则为他们带来了机会。虽然功能会因不同课程而异，但我们完全有理由把远程模式解释为课程访问范围的延伸或扩大。

远程学习与互联网

现代技术改变了这一点。互联网让远程观众实现了更对称的参与。现代版的在线学校和课堂技术已经让我们认识到一点：教师完全可以像现场教学那样，通过电话会议进行实时授课。学生不是坐在书桌边，而是坐在家里的计算机屏幕前。这就让远程学习更倾向于被纳入同步远程象限——因为没有实时双向沟通而难以实现，甚至无法实现的学习体验，在同步互动模式中成为现实。

传统的远程学习观点与现代技术相互融合，共同打造出一种分布式课堂的形式。在实践中，很多远程学习课程均采用双功能模式运行，以现有的现场课堂模式为基础，创建远程授课方案。有些学生参加现场课堂教学，使用课堂现有设备，从而减少了录制和提供现场学习体验的费用。而作为远程学习者的虚拟听众，则通过网络注册进入这个课堂，使用课堂的录制和发送设备，以远程方式与现场学生同步听课，而这些设备则成为他们在现场课堂中的替身。

在这些更趋于同步的远程模式中，我们可以看到部分分布式课堂的现代版示例。在这种模式下，课堂同时分布在两个象限中，即同步同地象限和同步远程象限。一方面，部分学生集中在同一地点，亲身进行同步学习；另一方面，其他学生在彼此相互隔离的情况下，采取远程方式与现场学生进行同步学习。最关键的是，这个学习过程同时存在于两个象限：也就是说，它在整个矩阵中本身就处于分布状态。此外，这种模式还可以轻而易举地延伸到第三象限，即异步远程象限——在这种状态下，将现场授课内容录制为视频资料，随后提供给远程学生。如果该模式提供的课程不要求学生同步参与，那么，它实际上就已经同时存在于三个象限中。

在过去几年，采用这种模式及纯粹异步远程模式（比如我们在佐治亚理工学院开设的在线计算机科学硕士学位课程）的在线课程已逐渐成为潮流。不过，在线教育本身并不影响传统课程。实际上，这些课程的发展动力主要就是那些在传统模式下无法成为学习者的群体：正因为远程学习带来的便利，他们才有机会成为学习者。这一点已在我们的在线计算机科学硕士学位课程中得到验证：如果没有被我们的异步远程课程所录取，绝大部分学生就不会注册传统课程。因此，远程学习模式存在两个潜在的增长领域：首先，它们可以在规模和覆盖面上继续增长，接受更多原本没有机会参与学习的学习者；其次，它们在质量和效率上得到提高，从而形成传统模式的有效替代。

尚待完成的工作

尽管这个采用同步同地课堂同时实现同步和异步教学的模式很有发展潜力，但它并不能保证让远程学生群组得到完全相同的学习机会。同地学生群组和远程学生群组之间的互动在技术上仍难以实现；在线交流相对于现场教学的轻度滞后，或是课堂音量的不适应，都可能会导致远程学生的体验受到干扰，或是影响到他们的参与感。此外，这往往会让面授交流只局限于那些能现场听课的学生，而无助于远程学生的互动。最后，在 MOOC 之类的教学模式中，所有不能参与同步学习的学生只能各行其是，从而带来纯异步体验所常见的隔离障碍或交流问题。

　　但最大的问题在于，学生往往要为这种低标准的体验付出高昂代价：尽管在诸多方面存在差异，但就总体而言，在线学位的学费成本高于面授学位学费成本的情况在现实中并不罕见。当然，这个费用差异的存在不无道理：更高的学费为在线学生提供了更大的便利性和灵活性，他们可以躺在舒适的沙发上进行学习，而不必每周都要赶到学校去听课——当然还有居住在学校附近或校内带来的食宿生活成本。但如果接受这个逻辑，Netflix 或其他视频流媒体服务的价格就应该远远高于在电影院观看电影的票价，因为前者显然会给观众带来更多的便利和舒适。而在现实中，Netflix 的月费通常只相当于一张电影票价的一半：因为大多数人认为，在家里看电影的体验远不及电影院，而且规模经济效应也会降低每个人的购买成本。实际上，这两种机制同样适合远程学习体验。与人数规模固定的课堂相比，远程学习可以实现更大规模，但至少迄今为止，它还无法复制现场教学的很多体验，而被遗失的部分恰恰可能是学生最希望得到的体验。如果事先经过全面考虑和精心设计，那么，现场课堂和在线课程在学习成果上可能不会存在明显差异，但有些非成绩因素或许会为传统学生带来超乎寻常的体验——比如说，更易于建立社交关系或专业联系，或是接触其他只有通过面授才能体验到的物品或资源，使得为在校学习支付的高学费物有所值。

　　需要明确的是：我们当然相信，在线学习体验确实可以达到现场体验的效果。而且我们实际上也认为，多种原因会让它们优于现场体验，当然，这些原因大多不属于本书的讨论范围。但我们绝对可以否定的观点是：仅凭在教室后面安装一部摄像机，就能完全再现这样的远程学习体验。在现实中，只有借助学生和教师之间以及学生之间更有针对性和计划性的互动，才有可能实现这种潜力。尽管这种体验确实是为远程用户设计的，但使用者显然不只有远程用户。迄今为止，这种情况并不普遍；尽管在线带来的便利似乎也支持收取更高费用，但考虑到它所带来的规模效应和范围效应，因此，我们不应认为远程教育的成本会高于现场教育。

综上所述，我们显然已拥有了前途无限的开端。在过去十年中，远程学习取得的进步以多种方式表明，分布式课堂的所有要素在现实中都是可行的。而这项新工作的目标就是把这些能力汇聚为一个共同愿景，让学生在现有约束条件下，尽可能取得真实的学习体验和公认的学位。因此，它的目标就是把这些远程体验视为课堂设计的基础，而非事后的补救，从而把它们统一到更多的课堂中，尽可能让远程体验具备现场体验的效果。

学习管理系统

按照前面对远程学习的介绍，我们可以看到，分布式课堂的起点也是它的核心假设——远程，在此基础上向后推移，在维持学生在空间上实现分布这个基本假设的同时，不断增加现场体验的元素。我们还可以从相反的角度描述学习管理系统：以传统课堂为起点，在此基础上，不断发掘可实现数字化的部分。

在过去 30 年中，在线学习管理系统与互联网一道兴起，其历史可追溯到 20 世纪 90 年代初的 FirstClass 等软件工具。随着互联网逐渐普及，它们开始扮演越来越重要的角色。正是目前对现有学习管理系统的严重依赖，学校才能在新冠肺炎疫情暴发后通过远程方式继续提供教育；毕竟，将部分学习体验通过互联网实现分布的基础设施已经成型，因此，我们现在关注的焦点应该是如何把现场体验的其他方面也转移到这些平台上。在这个领域，目前最有影响力的四个平台是 Canvas、Blackboard、Brightspace 和 Moodle，在过去十年中，它们的市场份额持续增长。在撰写本文时，它们已占据了 90% 的市场份额，而高居榜首的是 Canvas，拥有 35% 的市场份额。除此之外，市场上还存在其他类似方案，有些学校采用专有的解决方案，有些学校则直接使用

Sakai 和谷歌 Classroom 等开源或开放式获取工具。无论是专有系统还是通用系统，在幼儿园到初中的各个年级上，几乎每所学校都会根据自身需求采用某种形式的学习管理系统。

我们可以从多个角度考虑学习管理系统和课堂之间的关系。但是从分布式课堂的角度看，我们最感兴趣的则是学习管理系统会如何改变时间空间矩阵中各象限之间的互动，以及这些互动如何为分布式学习的未来发展铺平道路。因此，在本节中，我们将遵循如下逻辑：检验学习管理系统的常见组件，了解它们会如何改变教学互动，以及经过调整的互动如何为实现分布式课堂创造条件。

作业和反馈

在采用学习管理系统之前，学生通常需要把作业带到课堂，直接交给教师。教师需要来到教室，当面收集学生提交的作业，或者要求学生把作业放入摆放在教室前面的收集箱中。教师在给作业评分之后，还要在课堂上分发作业，作业在学生和教师之间来来回回，这当然需要占用大量时间。在这种情况下，互动主要是在同步同地的课堂上实现的，这种高度机械的使用方式让宝贵而稀缺的教学资源不能充分发挥作用。

学习管理系统使这个过程实现了数字化，通过异步远程方式提交作业和返回成绩。此外，系统还可以提供指导（当然还可以在课堂或课程大纲中强调这些学习要点）、接收学生作业并转交教师进行评分。在完成评分后，系统再以纯文本或文本附注形式把评分和反馈返还给学生。尽管作业仍有截止日期，但学生可在截止日期之前的任何时点通过虚拟系统提交作业，而且教师可在完成评分后随时发布成绩，而不必等到下一堂课。目前，很多学习管理系统均设有移动应用程序，因而可在给出新成绩后的第一时间向学生发送成绩通知。

通过详细讨论，我们发现，这种发展趋势带来了意外的深远影响。但我个人认为，这可能会带来负面影响，加大学生进行异步异地学习的难度；教师随时会把成绩不佳的通知发送给学生，影响学生心情，让他们心神不定，坐卧不宁，甚至会让他们彻夜难眠。因此，我们鼓励学生为通知设置免打扰模式。此外，远程提交方式还取消了课堂出勤率这个重要的隐性机制。以前，由于学生必须在上课之前提交作业，因此，教师不必刻意要求出勤率。但是现在，课堂出勤率和提交作业完成脱钩，即使不出勤上课，学生也能通过在线方式提交作业，这就迫使我们考虑以更有创造性或更有针对性的方式确保出勤率；这至少需要回答一个问题，是否需要确保出勤率——答案是肯定的，虽然出勤率的重要性不及成绩，但必要的出勤率始终是评价学生是否实现当日学习目标的一个标准。但我们并不认可这种说法。

从分布式课堂角度看，这种转变为远程和异步用户提供了充分参与的机会。实际上，一个在校生用来提交作业的系统与学生是否在校关联不大。作为教师，我们看到，学生已很少会给自己这样找理由："因为我要请假，所以能推迟提交作业吗？"但这同样会带来问题，比如说，会迫使生病的学生不得不把"我病得太重还能上课吗？"和"我病得太重还能写作业吗？"这两个问题分开。但不管怎么说，这种机制确实为远程异步学生的平等参与创造了条件。

评分与助教

我们在上一节中曾暗示评分问题：在提交作业和返回成绩之间，需要存在一个评分阶段，教师要查阅和批改学生提交的作业，并根据结果给出一个评分，并针对学生在作业中的正确和错误做出反馈。在小规模班级中，这项工作可能完全由教师完成，这就限制了系统的使用价值。但是在更大规模的课堂上，教师通常会聘请助教团队，把评分的任务布置给这些助教。

在出现学习管理系统之前，教师可能需要把一大堆书面作业交给助教，助教带回家并进行评分，而后再带回课堂，分发给学生；或是把这项任务交给一个教学团队，也就是说，大家集中到一起，进行几场"评分会"：关起门，点外卖比萨，所有人不得外出，更不能回家，直到完成全部作业的评分为止。这样做有很多好处：在集中到一个房间的时候，大家可以就共同的趋势、分数的判断标准以及可能存在的偏见进行面对面的讨论，这和实时对话给课堂体验带来的提升效果是完全相同的。但它也有自己的缺陷：直接把分数写在学生的作业上，使得评分者难以对总体趋势进行深层次分析，更难以对发现的差异做出解释和调整。比如说，如果一位助教对某个错误扣除 10 分，而另一位助教则对这个错误扣除 5 分，那么，手工更正可能非常耗时；相反，如果对成绩簿采用数字化模式，那么，纠正分数就是小事一桩了。在实务中，我们可以使用 Gradescope 等现代工具，尝试把这种实时协作的优势转移到数字领域。

但这其中会出现一个更严重的问题：在使用这类方案时，只有能参与评分工作流程的人才能担任助教。助教往往是在上学期课程中表现优异的学生，现在，他们需要亲身来到校园，去给其他学生评分。但通过数字化的作业提交及评分过程，可以让这些助教感受到学生享有的好处：他们的评分工作可以在任何地方、任何时间进行。最大的问题是，如果不要求助教集中到同一房间，就必须想办法确保评分标准的一致性；不过，这种机制显然有利于让更多学生有机会成为助教。

作为笔者之一，大卫也是佐治亚理工学院在线计算机科学硕士学位课程的执行主任，而这项工作的职责之一，就是负责助教的选聘过程。在启动这门课程时，我们曾以为，选择在线学习的学生不会对助教工作感兴趣：全职工作和家庭负担会让他们比在校学生忙得多，另一方面，与他们在现有工作中取得的收入相比，我们支付给助教的报酬会显得微不足道。因此，在前几个学期，我们一直从校内学生中开展招募，然后让他们担任在线学生的助教。作为担任助教的回报，我们会给在校生提供相当可观的学费减免。因此，助教的候选队伍非常庞大，最终覆盖了数千位学生。

但这种方法是有缺陷的，大多数在校生在暑假期间需要休假或实习，而在线学生往往更喜欢利用暑假完成课程任务——在佐治亚理工学院的夏季学期，在线计算机科学硕士学位课程的校内课程报名率为9%，但夏季的在线课程入学率则高达74%。如果课程完全依靠校内助教为在线学生提供服务，那么，夏季开设在线课程显然是不可行的。

因此，在2015年夏季，大卫尝试了一些新的办法：他向前两个学期选修"计算机科学7637—基于知识的人工智能"在线课程的463位学生发出电子邮件。在邮件中，大卫告诉这些学生，我们希望在夏季开设这门课，但原来聘用的助教不能到位。如果学生能为我们推荐两三个优秀的助教候选人，我们就可以在夏季为100名左右的学生开设这门课。我们公开发布了申请表，在前两个学期听课的这463名学生中，有70多名申请担任助教。最终，大卫从中选择了10个人，这样，我们就可以为370名学生开课，而且课程也出人意料地大获成功。不仅有足够数量的助教自愿为课程提供服务，而且他们在这份工作中的表现也远远优于以前的员工。对助教而言，一个不够完美、但更客观且易于考量的标准，就是他们在作业反馈中书写的评语字数。事实证明，这些助教在每个作业反馈中的评语字数相当于前一批员工的两倍。新助教团队在网络课程论坛上的反应更积极，而且在与教师团队讨论期间也更有参与意识。此外，他们还以助教身份参与研究，并在次年的国际计算机学会"规模化学习"会议（ACM' Learning@ Scale）上发表了研究成果。大多数人在此后几个学期继续担任助教。实际上，在最初的10人助教团队中，有2人担任兼职教学助理的时间达到5年。

我们最初曾担心，这或许只是早期采用者带来的影响，但是在5年之后，这种趋势依旧势头不减。如今，这门课程每学期都需要聘用300多名助教。其中的1/3来自当时的在线学生，还有1/3是这门课程以前的学生。实际上，我们可以选择的助教候选人始终比实际需求多出500多人；在最近一学期的招聘中，仅在大卫的四个班级就收到 276 份申请，但我们最终只需再聘用 7 位助教。其他方面同样保持良好趋势。尽管校内助教确实很出色，但凭借丰富的行业体验以及在线学生的真实体会，使得在线学生助教往往能提出更独到的见解。毕竟，他们对其他在线学生的需求有更真切和深刻的理解。尽管每个人担任助教的目的各不相同，但大体上不排除两种情况：要么是出于非物质利益的驱使——比如，有更多机会接触教师，让自己的简历更漂亮或是强化自己对学习材料的理解，要么是出于利他性愿望——比如说，为课程提供支持，或是为其他同学提供便利。

这些趋势与助教最初在时间和空间上的初始分布有关。由于消除了学生必须进入校内才能从事助教工作的限制，因此，我们可以吸引到更多拥有不同动机的人加入这个团队，而最重要的是，能吸引到在这个领域拥有更多专业体验的人。归根到底，他们可以在这个职位上工作更长的时间，从而为工作带来必要的稳定性和专业性。在大卫负责的课程中，工作时间最长的助教已达到 5 年，先后经历了 15 个学期。这位助教的真正工作是在一家大型教材出版机构担任高管；如果要求助教必须定期参加现场评分会，那么，他可能永远都没有机会做助教。但他所发挥的作用远非普通助教所能做到的——特别是在分布式评分的过程中。

展望未来的分布式课堂时代，它或将成为扩大规模的核心要素。分布式课堂的规模具有线性特征，且不受限制，但并非无限：它不同于规模可无限扩展的 MOOC，要增加学生人数，我们就要聘用额外的人力。有了学习管理系统，这些个体（助教）就可以通过远程异步方式为课程扩容，但前提是他们确实有空闲的时间。否则，这种模式就无从发挥作用。我们的体验表明，如果能取消针对这项工作的某些要求，感兴趣的人数就会大大增加。即便是在今天，由于有兴趣做这件事的人太多了，因此，我们的实际聘用人数只有申请人数的 1/4。

问答互动

在现场教学中，一个非常重要的课堂互动环节就是教师向学生提出问题，学生回答教师的提问。问答互动涉及的范围几乎无所不包，从简单的澄清，到可以引发更广泛、更多问答的集体讨论。

学生能否向教师和教授提出开放性问题，是课堂体验的一个重要特征。对于 MOOC 模式，最常见的批评恰恰就是他们缺少支持这种互动的能力：MOOC 通常是在不受监督的条件下进行的，因此，学生只能互相支持，或是完全由志愿者管理。但这就带来问题：课堂时间是有限的，而问题可能层出不穷，而且大多数问题可能只与个别学生有关，要么是针对个人的学习成绩，要么是只有班级少部分学生才感兴趣的话题。很多人会先入为主地认为，那些提出更高深问题的学生会让整个课程导向跑偏，而那些不断提出基础问题的学生会影响课程的正常进度。同学们往往也会把这种情况归咎于他们，但问题的根源在于系统本身：在过度重视同步同地特征的情况下，只要不是和所有参与者相关的问题，就有可能被视为浪费时间。

教师与学生的面谈时间，往往会把这些问题推到"溢出"空间，但这同样会带来规模问题：在本应属于整个班级的面谈时间内，某个学生有可能会占用一个小时。当然，助教团队可以集中到一起，为学生提供更及时的"服务咨询"；这种方式确实可以为学生提供必要支持，但这是有代价的。当问答转化为仅针对个别学生的解惑答疑时，其他学生自然无法受益于这些和自己无关的讨论。

总而言之，传统课堂面对的挑战之一，就是同步同地授课时间是有限的：由于时间成为稀缺资源，因此，必须在有限的时间内实现全体学生的整体利益最大化。如果在课堂进行的讨论只和10%的学生相关——不管这10%的学生是对高深主题感兴趣的成绩优异者，还是需要额外帮助的不及格学生，抑或是对计算机科学中某些特殊话题感兴趣的化学工程师，显然都不利于充分用好有限的共享课堂时间。另一方面，即便是这 10% 的比例，也可能对应一大批学生，而且对他们来说，这些讨论或许才是最有价值的学习机会。共享时间的匮乏会鼓励我们以千篇一律的方式对待课程安排，但是在现实中，这种放之四海而皆准的方法很快就会演变成不适合任何人的方法，因为它不能为任何人提供最佳体验。

即使不考虑因性别、种族、宗教和公平带来的分歧，也可能会出现这些问题。例如，有研究表明，女性在研讨会上提出问题的概率相对低于男性，而且教师通常会暗示黑人学生尽可能少提问题。普加·桑卡尔（Pooja Sankar）创办作业帮助社交网站 Piazza 时就已经想到这些问题，目前，该平台已成为高校教育中使用最广泛的工具之一。虽然 Piazza 是论坛工具，但桑卡尔在设计中始终牢记自己的目标。对此，桑卡尔曾写道："我创办 Piazza，是为了让每个学生都有机会相互学习。她可能会因为害羞而不敢提出问题，或是在宿舍里独自一个人学习，或许是班上的几个朋友也不知道答案。"Piazza 平台的一个主要特征就是教师不能阻止学生匿名发言。这样，所有学生都可以在论坛上自由发言，而不必担心会因性别或种族而遭到歧视：比如说，在计算机科学课堂上，女学生在发布问题时就不必担心："一旦看到这个问题出自一个名叫马洛里的女孩，他们就会认为，我没有资格在这里发言。"

我们自己的研究也证实，这种情况目前依旧存在：在 CS1 本科在线课程中，女性发帖的数量几乎是同班男性学生的两倍，而且她们以匿名方式发帖的概率同样也是男同学的两倍。这种趋势同时存在于提问和答案两个方面：女性不仅比男性更有可能匿名发布问题，也更有可能匿名发布答案。有趣的是，这或许是最不适合匿名发帖的地方：当一位女性学生匿名发帖时，她并不知道，在这些匿名发布的帖子中，大多数其实来自班上的其他女同学，而这自然会让她们有孤军奋战的感觉。

但是，在桑卡尔对创建 Piazza 平台初衷的描述中，恰恰隐含了我们对分布式课堂的定义：学生可以在自己的宿舍独立学习。但恰恰是这个微不足道的细节，彻底打破了同步会议时间或现场面谈时间对课堂问答的限制。通过Piazza之类的网络工具，问答环节得以在时间和空间上实现分布。学生可稍后在任何地方提出问题，而无须一定要在授课时间内得到回答。由于问题是在公共论坛中提出，因此，这些问题和答案适用于所有人；这就像课堂讨论一样，其他学生也可以从问答中学到东西。因为提问是异步进行的，因此，也不要求学生一定要在全神贯注的倾听者面前有板有眼地提问。

这种方法的好处远远不只是鼓励更多的提问和讨论。2016 年，根据在线计算机科学硕士学位课程的第一年教学实践，我们与佐治亚理工学院计算机科学教授阿绍克·高尔（Ashok Goel）合作发表了一篇简短的论文，题为"实现高等教育无障碍获取的意外收获"。本文概述了我们在实践中发现的在线体验优于亲身体验的 8 个方面。其中的 7 个方面来自于在论坛上进行的互动。虽然创建 Piazza 平台的初衷是为了对现场课堂的补充，但我们却发现，它已成为师生之间唯一可进行正式互动的基础，因而体现出全新的价值；这种新的关联性随后又催生出新的优势。异步论坛不要求讨论同步进行，这意味着，学生不必像现场教学那样消耗有限的讨论时间；因此，对上述假设的三个 10% 的学生群组而言，他们可以在自己方便的情况下随时发起讨论，而不必强求整个班级跟随他们关注的问题。借助于这个论坛，所有学生能随时发起讨论，而且不会让整个班级因为他个人的问题而陷入尴尬。如果是在现场课堂上，假如有个学生突然举手说："我知道今天的课程学习计划，但我确实看到一篇非常好的文章，我觉得我们应该讨论一下这篇文章！"这样的要求肯定会让其他人觉得难以接受，但这种行为对在线模式而言则是完全可接受的，因为讨论文章无须占用稀缺的课堂时间。这样的讨论可以进行数天，而且可以延续到规定授课时间结束之后，因此，他们不仅可以深入探讨问题，也可以让其他的更多人从讨论中得到启发。

Piazza 等论坛工具对现有实体课堂体验实现了成功的补充，这表明，除授课内容以外的其他体验要素也是可以分布的；但更重要的是，它表明这种工具可以直接改善学生体验本身。这些工具不只在扩展课堂方面做得"足够好"，它们还从根本上改善了体验本身，即便是不能亲身体验的人也会从中受益。用我们的话说，开发 Piazza 的目的就是为了实现课堂体验的分布，而且它在实践中也显示出课堂分布对教学体验的改善效果。

测验

在迄今为止讨论的话题中，测验或许是最缺乏启发性的。尽管测验可以成为一种有价值的学习和教学工具——相关研究也表明，经常性的测验可以带来更好的学习效果，但它肯定不会像有趣的研究项目或深入的课堂讨论那样，让很多人感到兴奋。不过，测验同样需要占用有限的同步课堂时间：为保证成绩的真实性和衡量的公正性，学生们必须在同一房间接受测验。也就是说，在这段全体学生唯一能集中到一起来的有限时间里，需要他们安安静静地一个人坐着。

但这种结构的缺点是显而易见的。把宝贵的同步课堂时间用于一项基本与时间和地点无关的任务，除了能保证真实性之外，似乎没有其他任何意义。在这段被浪费的同步课堂时间里，教师往往只关注到少数成绩风险较高的学生，因而无法拿出更多的课堂时间进行测验，这就丧失了测验所固有的基本优势。这就迫使全体学生都要按照个别人的标准进行高风险测验，而不是最适合他们自己的测验。每个学生都可能会遇到这样的情形：因为某个与内容理解无关的因素，让他们的测验成绩受到严重影响。大卫也有过这样的经历：早晨醒来发现汽车被撞坏之后，过了数小时后他才意外意识到事情的严重性，这显然是最基本的认知心理出现了问题。

测验是学习管理系统的一项即有功能。基于我们的体验，这项功能仅适用于在线课程。新冠肺炎疫情的暴发迫使所有课程都需在一定程度上采取在线方式；但在此之前，我们所看到的面授课程大多采取现场测验。但这项功能也提供了一种对同步课堂时间的最大浪费部分进行分布的方式。让学生在课外接受测验，导师每学期可以增加几个小时的教学时间。

在测验这个环节，最明显的制约因素就是真实性。尽管开卷考试早已不是什么新鲜事物，但很多领域还需要以有效手段保证学生之间不会串通。你们是如何处理的呢？目前已经出现了数字监考服务。在 2012 年时，这还只是一个细分市场，但是在过去十年中，其受欢迎的程度直线上涨，而后又因为新冠肺炎疫情的流行而引发一轮暴涨趋势，毕竟，在不能采取现场教学的情况下，教师急需以有效方式确保测验的真实性。目前已有十几家供应商提供类似服务，包括人工智能监考、考试课程的人工审查、网络流量监控、浏览器锁定等。

我们既是这些服务的用户，又是它们的批评者。我们认为，对于一种在结构上难以限制常见不当行为的课程，这些监考模式确实可以发挥关键作用；以在线课程为例，如果你想找个人替你考试，就需要找个人登录你的听课账号，或是能在屏幕上实时共享考试过程，和找人代替你参加现场课堂考试相比，这显然容易得多。另一方面，从概念上说，它们具有侵入性——对刚刚经历煎熬的应试者来说，它们会带来额外的压力；它们给教师和助教额外增加的工作量也绝非微不足道——不仅要以异步方式检查各种非正常行为，还需要重新考虑测验的设计，以解决某些难以检测和成本太高的行为。但是从分布式课堂角度看，它们提供了最低限度的必要功能：可以在课堂中进行另一项按时间和空间进行分布的活动。

与在线计算机科学硕士学位课程的连接

正如第一章所述，本书的主旨并不是讨论我们开设的在线计算机科学硕士学位课程。可以说，佐治亚理工学院的在线计算机科学硕士学位课程接近于分布式课堂的一个极端，因为和名副其实的 MOOC 模式相比，它缺少了一个关键步骤。因此，我们有必要在这里再讨论一下，毕竟，从前面的介绍可以看到，它为我们了解学习管理系统如何成功实现分布式课堂提供了一个绝佳示例。

在被问及在线计算机科学硕士学位课程如何实现分布式课堂的时候，我们得到的问题往往体现出人们对这门课程存在深度误解。曾有人问我们："您是否真的认为，只要通过几轮由多项选择题构成的考试即可获得硕士学位？"答案确定无疑：绝对不是，在我们的在线计算机科学硕士学位课程中，几乎每一堂课都是以项目为基础的。还有人问："我已经在 Udacity.com 上观看了10 堂课，我什么时候可以获得学位啊？"答案同样是否定的，要拿到规定学分，显然不是观看几次课程视频就能做到的。我们估计，在学生的全部课堂时间中，观看这些视频的时间占比在 5% 到 10% 之间；根据学生在网站OMSCentral.com 上发布的评论，我们发现，学生花在一门课程的全部时间，至少要达到课程视频内容总长度的 10 倍。还有人问我们："您是否真的相信，仅仅依赖同学互评分的结果就可以授予专业硕士学位？"我们的回答是：我们确实经常进行同学互评，但这完全是出于教学目的。研究发现，作为一种教学手段，同学之间的反馈是非常有意义的：让学生学会评判其他人的作业，而不是让他们自己去完成作业，会迫使他们从不同角度认识教学内容，而且从形形色色不同的审阅者那里取得反馈，可以让接收者达到更高的理解水平并内化这些反馈。还有很多研究显示，在某些极特殊情况下，同学互评分甚至比人工评分更可靠。但我们最关心的，依旧是反馈的可靠性，因此，我们的评分和反馈仍由训练有素的助教以人工方式进行。

真正的事实是，尽管在线计算机科学硕士学位课程属于分布式课堂的极端形式，但它在运行与校内开设的类似课程有着惊人的相似之处。各学期均在同一个日期开始和结束。这些学生和在校生向相同的学习管理系统提交作业，并取得相应的成绩和反馈。两种模式的学生均采用 Piazza 平台作为教室论坛工具——只不过在线课程的使用频率更高。两种模式的唯一不同点在于，在校生需要在同一时间集中到同一个课堂，而在线学生则使用按定制模式录制的异步教学内容。除此之外，两者在其他管理和结构等方面都是相同的。

很多课程甚至更进一步：在同一学期，同一位教师可在网上和校内同时授课。在某些情况下，教师实际上会把在线课程和校内课程合并到学习管理系统和课程论坛中，并由同一个助教团队对这两个学生群组进行评分。正是这种结构，让我们可以一定程度上自信地断言，在线课程等同于校内课程——在很多情况下，在线课程似乎和其他课程没有任何区别。在这方面，我们的第一次实验是在 2015 年秋季学期进行的，也就是佐治亚理工学院计算机科学阿绍克·高尔教授开设的"CS7637：在线和校内同时开设的基于知识的人工智能"课程；大卫当时是这门课程的助教。虽然我们没有把课程与论坛合并到一起，但对这两个环节使用了相同的课程表，而且完全采用相同的作业、考试及课程项目，并由相同的助教团队对这部分学生打分。我们发现，对于每一次作业，在线学生的成绩均达到或超过在校学生的成绩。

对这种模式，我们寄希望最大的实验于 2019 年秋季进行。在这个学期中，大卫与佐治亚理工学院人与技术研究所的研究科学家戴夫·伯德（Dave Byrd）共同讲授"CS7646：针对交易的机器学习"课程。在线"机器学习 – 分析"课程也同时讲授 CS7646 课程的在线版本。与此同时，戴夫还负责 CS7646 的校内授课任务，这部分课程本身与针对本科生的"CS7646：针对交易的机器学习"合并开设。因此，我们把全体学生纳入学习管理系统的同一个部分，由一个包括 26 名助教的团队负责。最初有 1077 名学生（其中，在线课程 785 人，面授课程 292 人）参加课程，最后有 929 名学生（在线课程 649 人，面授课程 280 人）完成了全部课程。在线学生观看按预定内容录制的视频，由课程的最初创作者塔克·巴尔奇（Tucker Balch）讲授；而面授学生则现场听取由戴夫·伯德讲授的课程（这部分学生也可以根据自己的意愿，选择观看在线课程）。两部分课程须完成相同的项目，并由同一个助教团队评分。但不同课程模式对应不同的考试内容，其中，针对在校生的考试考查的是由戴夫讲授、在线讲座不包括的授课内容，而在线学生的考试考查的是戴夫在课程中未提及的内容。

课程的进展总体上非常顺利——为此，我们首先要感谢约什·福克斯（Josh Fox），作为学期课程的助教负责人，课程的成功在很大程度上依赖于他的杰出表现。福克斯也理所应当地获得了学院的优秀助教奖。

对于这种规模的详细课程设计——譬如对各种限制条件的调整以及对不同受众及课程对象的协调，本身就足以写成一本书，但这显然不是我们感兴趣的话题。我们讨论的要点在于：面授教学已呈现出高度分布的格局，以至于在启动在线版本的计算机科学硕士学位课程时，我们可以利用面授教学结构的大部分内容。我们不必弄清楚如何让来自世界各地的学生提交作业，我们可以随时随地向学生提出问题——不管他们身处哪个时区，或是向所有学生征求反馈——即便这是一个包含300人的班级。过去10年的技术发展已经让这些需求得到满足。因此，我们唯一需要做的事情，就是着手将少数仍依赖实体课堂的环节拓展到分布式课堂上。我们之所以相信，在线计算机科学硕士学位课程在严格性和声誉方面等同于校内的面授课程，是因为它们共享大量相同的内容、设计和基础环节：由相同资质的教师授课，由相同的助教进行作业评分，而且两类学生进行的项目和作业也是相同的。这其实并不难理解：传统课程已实现高度分布，因而可在它的基础上直接设计在线课程，而无须完全从头开始。

同样的基础也可用于其他学校、项目、科目及其他年级。课程模式已通过多种方式实现了分布化。因此，实现不同课程的完全分布化已成为最后一步，而不是第一步。

共享课程

从很多方面看，我们都可以把远程学习与学习管理系统视为两种趋势汇聚于某种形式的分布式课堂。远程学习的前提是学习必须远程进行，并保留面授学习的各种要素。也就是说，学习管理系统以面授学习为起点，然后再逐一解析可以在时间和地点上实现分布化的内容，从而对课程可提供的内容进行扩展，最大限度利用有限的实时共享课堂时间。在现代技术的支持下，这些努力已开始趋于融合；由于远程学习与校园课程目前都需要高度依赖于相同的共享技术，因此，两者之间已非常相似。

如下三个示例已不再是将来行动的基础；相反，它们只是分布式课堂已实现功能的写照。

通过共享课程扩大覆盖面

这些概念的基础就是"共享"课堂的理念。在传统模式下，个别教师的影响范围往往与他们的投入呈线性关系。增加一倍学生意味着他们需要面对两个班级的学生，需要对同样的内容讲授两次，增加一倍的作业评分量，总而言之，他们在很多方面要付出增加一倍的努力。当然，某些工作可以以相对固定的成本展开；如果能拟定合理的作业和有效的规则，不管是面对 50 名学生还是 500 名学生，同样的努力都应该能取得相同的效果。但有些工作需要以增加支持人员为代价；比如说，如果为每 50 名学生聘请一位助教，那么，即使不增加工作时间，教师也可以以相同的强度面对更多的学生。

尽管如此，增加学生数量几乎无一例外地会给教师提出更多要求，尤其是负责班级总体情况的教师：即使不增加授课内容或是为更多学生评分，但至少要管理更多的助教，处理更多的争端、投诉及个人食宿等问题。负责一个班级的重大责任与课程本身的主题知识并无多大关系。让班级具有"可共享性"的观点，实际就是确定一个班级的哪些活动可以转移到另一个班级，尤其是确定在其他教师设计的内容知识中，有多少是新教师授课所必需的内容。在无须为新课程设计必要知识的情况下，一堂课被共享的次数越多，它就可以在不增加原教师工作量情况下覆盖更多的学生。

这完全不是什么新的想法：从具体细节看，现有的很多课程均体现出这个目标。MOOC 就是一个明显例证，而教科书本身也在很多方面开始强化课堂内容的可共享性。编写教科书所需要的知识，不只是在课堂上讲授的知识。使用教科书的教师无须编写大量练习题，也不需要学习专业水平的方程编辑器，更不必考虑课程所依赖的全部内容；因为精心编写的教科书即可提供这些素材。

但这仍需要做出很多取舍。在课堂上使用教科书时，仍需要教师掌握丰富的内容知识，而不只是讲授课程所需要的专业知识。这非常类似于 MOOC：MOOC 模式并未考虑对与内容无关的个人授课职责进行分布，而是从一开始就尽量规避这些责任。那么，在两种极端情况之间，到底可以达成多大程度的折中呢？

在线计算机科学硕士学位课程的共享课程

在上一节中，我们曾简单提及"CS7646：针对交易的机器学习"课程。在 2019 年春季学期的在线计算机科学硕士学位课程中，大卫开始讲授这门课，在创作本书时，他已经讲授了六个学期；其中有三个学期是和戴夫·伯德共同讲授，三个学期独立讲授。在针对证券交易或计算金融的机器学习领域中，大卫显然算不上专家。尽管他对这个领域的了解远远超过授课所需要的深度，但显然还不足以让他独立进行课程开发。按照前面提到的矩阵，在教学所需要的知识类型这个维度上，尽管他在教学知识方面确实有优势，但在教学知识和内容知识上还算不上出类拔萃。他并不是从零开始讲授这门课程，相反，他只是在转授一门上述三类知识全部由他人（塔克·巴尔奇）设

————

计的课程。因此，大卫可以使用原有的授课视频、原有的作业说明、原有的主体和原始的课堂结构。此外，他还有一支能力超群的助教团队做依托，他们有能力批改学生作业并监督课程论坛，随时帮他发现问题。因此，塔克的任务仍是讨论主题，并回答其他人无法解答的问题，但这两项任务占用的时间相对而言是最小的。

这并不是接受这种转换的唯一示例：在撰写本书时，该学位项目已接收了 40 个班，还有其他 5 个班采用了类似转换。3 个班已在一定程度上完成调整，原来的授课教师继续以正规方式参与教学，但更多的日常管理职责则开始由辅助讲师承担，这样，教师就可以专注于内容。两位教授就可以在多个学期之间相互交替。从表面上看，这似乎没什么特殊之处：在大学里，很多课程均由几位讲师承担，每位讲师担负一个学期的教学。但是在这里，需要提醒的一点是，在这些调整转换过程中，课堂教学内容和结构是基本保持不变的。

其他大学也采取了类似做法。斯坦福大学的教授开发了一门名为"CS Bridge"的课程，这门课程被称为"CS1 的跨境合作教学模式"。该课程的部分开发内容是"一体化 CS Bridge 课程"，这是一种开源、免费使用的 CS1 一体化课程，包括作业、可复制网站、幻灯片、课程计划表，等等。这种模式的目标类似于创建一门成熟完整的课程，它能轻而易举地被新教师所接受，这就大大减少了个人为开设额外课程所需要的专业知识和工作量。斯坦福大学的 CS Bridge 课程已实现全球开放。在某些地区，本地开设的课程由原创作者负责，在课程中与原创作者进行直接互动；而在其他地方，个别教师可以直接使用课程系统讲授课程，而无须和原创作者发生直接联系。

问题当然是存在的。这种对共享和可重复使用内容的关注，可能会导致内容陈旧过时，尤其是在快速发展的领域，更有可能出现这种情况。对一个鼓励通过大量前期开发创造长期可重复使用内容为目标的模式而言，这也是自然而然的结果。而分布式课堂模式则试图解决这个问题：它并没有采用一次性的前端开发，而是鼓励以低成本方式强化现有面授体验的分布性——在每个学期讲授这些内容时，自然而然地更新学习体验。对此，我们将在第四章进行深入讨论。

但这里需要强调的是，采用这种可共享课程进一步扩大教师施教范围的方式。尽管我们的共享全部是在课程架构中实现的，但是要把在线计算机科学硕士学位课程转移到一所大学讲授的另一门课程中，几乎不存在任何技术或教学上的障碍。另一所大学完全可以根据我们的讲义、作业和论坛创建一门新课程，并由该大学自己的教师和助教组织考评和讨论。和 MOOC 的目标一样，每个教授同样可以吸引成千上万的学生，但不同于 MOOC 的是，这种强调针对性设计的分布模式在范围扩大的同时，仍会在很大程度上保留原始的课堂体验和教学结构。

义务教育中的分享课程

我们在上文中的讲解是有侧重点的：毕竟，我们所从事的是研究生水平的计算机科学教学，在相对较高的层面上，一个不可回避的困难是，我们所需要的教授和讲师往往也是相关企业的招募对象，而且这些企业往往能提供更好的薪酬待遇。那么，在教师资源相对充裕的领域，情况又如何呢？

我们将在第九章探讨这个话题，但它关系到人们长期以来的一种顾虑：这样的措施是否会最终彻底替代教师。在量子计算之类的学科，具备相应教学能力而且对讲授这种内容感兴趣的人数可能非常有限，在这种情况下，分布式课堂显然更有利于吸引这个小范围的人群。但是在微积分或历史等教师资源相对丰富的学科，情况又怎样呢？

在这些领域，分布式课堂的目标并不是扩大学习范围，而是改善教学成果。教师使用的是由出版商提供的标准教材及测验资料——因此，对课堂进行分布意味着向他们提供更多这样的资源。这样，教师就可以把评分任务布置给很多人，而不必亲自为每一份学生作业单独评分。研究发现，人们在创建这种众筹式辅助方面已取得了一定的成功。如果采用这种方式，教师就不必像过去成千上万的教师那样，必须在某一天的分部积分法（微积分的一项内容）课程上讲授完全相同的内容；相反，教师可以利用分布性资源，通过翻转课堂模式，把更多时间用于个性化教学和支持。

在课堂上，教师已经担负了过多的职能，但我们认为，要求任何一个人既能创造引人入胜的现场课堂体验，又要为作业撰写出个性化反馈意见，还要处理好棘手的课堂纪律问题；既要为学习状态不佳或处境不利的学生提供额外辅导，还要指导成绩优异的学生挑战更高标准；既要监督纪律、督促学生，还要履行教师的所有职责，这显然不尽如人意，也不合情理。除了要求个人在形形色色、不计其数的职责上表现出色之外，教师所承担的工作量同样不可小觑。比尔和梅琳达·盖茨基金会（Bill&Melinda Gates Foundation）在2012年发布的一份报告中指出，教师平均每天要工作10小时40分钟，而且有30%的时间是在家中。而分布式课堂则为这些职责的分散化创造了机会。不妨设想一个包含10所高中的学校体系，其中，每所高中均聘用自己的微积分教师。在传统模式下，这些教师都要同时承担上述职责。但如果其中的某一位教师擅长授课，那么，整个教育系统就可以让他负责为全部10所学校讲授核心课程内容，这样，其他教师可以专门负责解答学生的个别问题，并为学生提供高质量的反馈，结果会怎样呢？如果某个教师善于解答学生难以理解的问题，那么，其他教师就不必解答学生的所有问题，而是负责为整个班级评分，因此，他们可以用更多精力去关注个别学生或个别问题，结果又会怎样呢？当然，反馈周期是必要的：了解学生容易出现的错误，可以为负责讲授课程内容的教师提供有价值的信息；但即使不亲自为大量学生评分，也能做到这一点。

这当然不是什么新的想法：这类似于采取标准化班级设计的开放式教育

资源。教师需要从预先创建且经过严格审查的高质量材料中进行选择，而不是完全从头开始，重新设计全部内容。当然，也有人对这些方法表示担心，而且这些担心并非空穴来风。这些想法可以给学生带来收获，但也可能造成损害。教师可以轻轻松松、漫不经心地打开视频，分发学习计划表，但完全没有切实关注到学生目前的学习进度，或是与这些资源的匹配性。在这个资金已远不能满足各方面需求的领域中，确实存在大量削减成本的机会。和所有教学工具一样，在教师之间分配任务角色，并创建更多可重复使用内容的效果，完全依赖于这些措施的使用方式。

分布性的同地教学

在讨论远程学习、混合式课堂、HyFlex 模式以及和分布式课堂相关的其他模式时，我们发现了一个经常被视为理所当然的特征：学生之间会被相互隔离。远程学习的基本前提就是学生可在家中或办公室上课。我们已在第二章介绍并将在第四章深入探讨分布式课堂矩阵，这种设计范式均直接针对纯个人的远程学习者。

尽管如此，但仍有迹象表明，这可能会进一步走向纯远程学习。尽管学生可能不愿意或是无法赶到千里之外的校园，但他们可能愿意而且有能力到距离不远的地点与其他学生见面。这为那些距校园较远的学生提供了一个与同学进行面对面互动的机会。我们之前已看到两个这样的例子，而且还准备了第三个示例。

本地聚会

我们首先以在线计算机科学硕士学位课程为例。在创作本书时，我们招来了来自世界各地的 1 万多名学生。我们在几个主要大城市和技术中心招收了很多学生。一项研究发现，"在美国，多达 80% 的在线计算机科学硕士学位课程的学生，居住在距离全美 10 个主要人口聚居区的两小时车程范围内"。

这种在地点上的集中促成很多本地化的聚会群体。当然，我们很难取得这些本地化聚会的确切数据，因为这种聚会在很大程度上是学生以非正式方式组织的，而不是由项目组或学院出面组织的；但这并不等于说，我们不应以正规方式组织这种聚会；只是学生在这方面的组织能力和速度确实不是我们所能比肩的。我们当然也清楚，这种聚会已出现在世界各地的主要城市。在由学生自己管理的在线计算机科学硕士学位课程聊天群组中，存在很多专门可联系到本地同学的渠道。在课程开始后的前几周，很多人会在课程论坛中发布联系方式，寻找本地同学，建立本学期的学习小组。

迄今为止，在这些聚会中，大多数要么是参与课程的本地学生出于纯社交目的组建的，而他们并不是本学期注册的学生（在很多情况下都有很多前校友参与组建）；要么是少数学生针对某一门课程组建的。这在很大程度上源于课程本身的异步性：教材本身就是针对远程异步学员制作的，因此，在汇总课程结构时，在本质上就不利于提高对实时课程内容的共享式参与。但其实并不难想象这样的结构：在观看异步讲座的同时，一群远程学生还通过本地聚会，实时参与在其他某个地方同步进行的讲座；或是观看录制讲座，并通过刻意安排的练习题或讨论会，复制出典型的现场学习体验。尽管这种本地聚会没有任何正式的参与目的或是专门设计的结构，但它们的普遍存在表明，在同地教学和远程教学这两种极端情况之间，正在出现越来越多的中间模式。

当然，这种现象并不只限于在线计算机科学硕士学位课程教育。很多最受欢迎的 MOOC 模式都有自己的本地聚会文化。譬如，在哈佛大学，备受欢迎的"MOOC 计算机科学"课程已催生了很多本地化聚会。作为 MOOC 的提供者，Coursera 在创建初期就曾尝试使用 Learning Hubs，这是一种本地聚会空间和网吧的结合体，适用于高速互联网不太普及的地区。2017 年，MOOC 提供商、在线教育机构 Udacity 也通过自己的网络平台尝试过现场教学。还有很多由学生主导的本地聚会活动，并在相关文献有详细记载。在某些情况下，大学在管理本地学习小组时采取了更加积极的策略：譬如，哈佛大学的 CopyrightX 项目在全球数十所大学开设了附属课程，这些课程实际上就是本地组织的分布式课程。

但我们可能会怀疑：如果对创建远程课堂的同地体验有足够需求，那么，基于 MOOC 的课程（如 Coursera 学习中心和 Udacity Connect）最终为什么会无疾而终呢？面授训练营及类似项目为什么仍主导着非学分面授型课程，而不是非分布式学习体验呢？可以推测出的原因多种多样，但我们认为，造成这种现象的原因，在很大程度上也是造成 MOOC 参与度和结业率较低的问题。MOOC 的学分在严格性、范围和可信赖方面千差万别，也就是说，人们为什么要投入大量时间和精力去参加现场聚会，这背后的原因不得而知。为探究这种远程聚会的吸引力，需要把它们与更有可能导致学生参与这些高耗能活动的投入和奖励联系起来。因在线计算机科学硕士学位课程而兴起的非正式聚会非常有前景，将这些聚会正式化之后又会是何种情形呢？

分布式校园

很多大学设有多个校园。比如纽约州立大学就设置了 64 个校区，实际上，很多大学确实因地域分布的范围而著称。还有些学校——如佐治亚理工学院，则被清晰地构建为一个核心校区与多个周边校区。比如说，我们先后创建了佐治亚理工学院萨凡纳分校、佐治亚理工学院洛林分校以及最新的深圳分校。任何校区采用的典型模式均可用于其他任何校区，而且不同校区都会提供完成学业所需的课程。例如，纽约州立大学（SUNY）在所属理工学院校区内专门开设了应用计算学士学位课程。这些分校区拥有自己的专属教师，但教师有时也会在各校区之间巡回授课。以佐治亚理工学院为例，全体教员都要定期到洛林分校进行一个学期的工作。总体而言，这种模式更多地依赖于相互交流（学分、学生或教职工）原则。尽管大学的覆盖面有所增加，但也需要增加相应的资源支持。

在在线计算机科学硕士学位课程项目于 2014 年启动时，我们最初遇到的一个问题就是这种模式是否可以延伸到我们在其他校园开设的部分课程。法国学员可以申请并注册在线计算机科学硕士学位课程；但如果佐治亚理工学院洛林校区的法国学生不能注册该项目的课程，那岂不是太愚蠢了。尽管在线计算机科学硕士学位课程项目的规模逐年扩大，但多年以来，每学期仅有少数来自佐治亚理工学院洛林校区的学生参与该项目。

作为一名同时兼顾几门课程的讲师，对过程的管理当然不在话下。在每学期开始时，仅需一分钟的时间，我们就可以把学习管理系统中的佐治亚理工学院洛林校区的课程合并到在线计算机科学硕士学位课程中。然后，在每学期结束时，我们再花上五分钟的时间把成绩簿导入洛林校区的学习管理系统，向该校区的学生发布成绩。除了这两个步骤之外，我们最终运行这门课程的工作量没有受到任何实际影响。但随着课程的进行，这些学生会形成一个同学群体，并在群体内开展互动。

这个例子所涉及的规模很小（在洛林校区，一个班级通常只有两三个学生），而且我们也没有采取任何特别措施，去主动利用这些学生同在一所校区所带来的机会。不过，在 2020 年秋季，我们进行了一次规模更大的实验：在佐治亚理工学院深圳校区，有 12 名学生报名参加了大卫讲授的课程"CS6750：人机互动"。和洛林校区的学生一样，我们把这些学生合并到学习管理系统的相同部分，并共享同一个课程论坛，但他们还要接受面授部分的授课，作为在线课程的补充。通过当地的一名专职合作讲师的协助，这些学生可以独立进行集中复习，讨论课程教材，共同开展团队项目，参与他们自己组织的同行评审。他们和班上其他同学接受相同助教的评分，以确保采用相同的评分严格度，而且还有机会与当地的同学群体进行互动。

虽然这在表面上类似于 Udacity Connect 之类的课程，它们在评分、正式成绩单和公认学位等方面完全相同，但其参与程度则源于重量级的学位——计算机科学研究生学位。通过这些激励措施，我们可以看到，这种模式的参与度确实超过基于 MOOC 的课程。

佐治亚理工学院"心房"

上述两项计划已在进行当中；在佐治亚理工学院洛里分校，学生已连续几年报名参加在线计算机科学硕士学位课程，在深圳分校，学生也在 2020 年秋季开始报名。在高度分散性学生团体中重新启动的同步同地互动模式还存在第三种思路，它也是我们认为将在未来几个月异军突起的一种新模式。

在佐治亚理工学院"2015 年创建未来教育"委员会发布的报告中，明确提出了五项未来教育发展规划。这些举措的第五项，即"全球性的分布性存在"，就采取了与整体分布式课堂观点完全相同的原则。这项措施的核心就是佐治亚理工学院"心房"（atrium™）的概念，即，"适应学习者需求、为表现及活动提供场所的项目化开放空间，同时也是一种为学习者、教师以及其他希望与佐治亚理工学院建立联系者增添凝聚力的途径"。

这种设计打破了常见假设：远程在线学位课程的含义就是学生需要在家里学习课程资料。它可以为学生提供通常只能在大学图书馆和学生中心找到的公共学习区域，在这里，他们可以与其他同学展开互动，并访问高速互联网之类的服务。可以想象，利用这些空间可以扩展校园中某些常见设施的访问权限，尤其是那些无法延续到学生家中的设施，比如化学实验室或是 3D 打印服务。

从这个角度看，"佐治亚理工学院心房"已成为对传统模式与远程教学进行必要折中的另一个示例：从历史上看，选择远程学习的目的，就在于通过放弃同步会议空间和高成本设施，而换取远程参与的灵活性。但类似这样的模式表明，即便是折中，其实也不需要放弃太多的体验。

应急性远程课堂

对分布式学习这种模式而言，因新冠肺炎疫情暴发而带来的远程学习迅速崛起，可能是一件喜忧参半的事情。一方面，这场危机迫使人们迅速尝试并采纳在线技术，几乎在一夜之间，成千上万的教职员工不得不开始考虑适合远程教学的方法。这些在短时间内对远程学习进行的巨大投入，促使人们对如何改善远程学习效果提出新的洞见，也让人们认识到很多方案并不可行。这些探索的结果似乎是积极的：泰顿投资咨询公司（Tyton Partners）在 2020 年 8 月发布的调查结果显示，49% 的教职员工将在线学习视为一种有效的教学方法，而 3 个月之前，这一比例还只有 39%。

显而易见的是，这种向远程学习的快速转型并不是在理想条件下出现的。教师和学生尚未接受过远程学习方面的培训，也不是他们主动选择了远程学习，之所以出现这种转变，完全是为了应对我们一生中可能最不确定的时刻。因此，基于造成这种快速转变的现实来判断在线教育的潜力，显然是不合理的。我们在第一章曾指出，在开发在线版本的 CS1 本科课程时，我们与近 12 个有资质的团队合作了一年。即使不考虑我们之前的在线教学体验，这种在专业能力和资源上的投入与个别人在短时间内的被动转型相比，结果会怎样呢？不过，这轮快速转型过程中出现的负面结果，也成为很多人诟病远程学习的证据，在他们看来，这也是显示远程学习基本缺陷最有力的证明。

在这轮向在线学习的快速转型过程中，我们也有几位在线计算机科学硕士学位课程项目的参与者迅速完成了个人转型，并在全体在校教职员工的成功过渡中发挥了巨大作用。通过这个过程，我们亲身体会到教职工转型的几种模式。此外，我们还参与了针对这轮转型开展的全国性应急大讨论，并提出了自己的观点和建议。在这些经历中，我们为不同教职员采用的方法制定了一份非正式目录。这些方法当然还无法做到事无巨细，而且其他机构肯定会采用其他模式。但这些模式确实覆盖了我们在危机期间所看到的各种有效模式。这些模式的意义在于，我们可以对它们提供的机制进行深入开发，从而为未来的分布式课堂提供技术支持。因此，在目前环境下，研究教师对这些机制的体验显然是意义的。

同步模式

首先，正如上述学习管理系统部分所言，大多数课堂已具备了分布式课堂所提供的诸多结构。而且大多数课堂都在使用学习管理系统接收学生提交的作业，并对作业完成打分和反馈。此外，大多数课堂已开始使用论坛进行异步问答，只不过教师在危机前的使用方式在程度上略有不同（在很多课堂上，Piazza 基本是由学生管理的非正式社区）。由此带来的最大问题就是真实的课堂体验。

根据我们的观察，很多教师采取的"默认"方法，就是将电话会议全部替换为面授课堂。学生只需登录班级视频会议系统，而不必一定要在上课时间集中到实体房间。在这个系统中，教师通过现场直播方式进行实时授课。这种远程授课的形式就像教师站在课堂前一样。有些教师喜欢使用幻灯片，有些教师则开始尝试使用虚拟白板——即，与某些软件进行实时互动的平板电脑或屏幕广播。学生通常采用视频会议平台的聊天功能或内置的"举手"功能提问。对此，教师的普遍印象是：这些课堂尚未确立良好的社交规范。除非对学生做出明确的通知，否则，他们通常不愿使用这些系统功能。这就促使我们提出如下建议：一定要明确你希望学生怎样和自己开展互动，以便于让他们知道该怎么做。

很多课堂都是按这个模式运行的：既有互动机会非常有限的大型演说会，也有可实现大量互动的小型班级——即使采用视频会议，也不影响这种互动能力。但对那些使用同步课堂时间进行更多互动的课堂，教师往往会尝试采用分组讨论室之类的工具，从而让学生有机会以人数较少的小组形式进行互动。这样，教师就可以在分组讨论室之间进行切换，实时参与各小组的对话，就像是学生在进行小组活动时，教师可以在不同的小组走动，观察和指导各学习小组的进展情况。我们注意到，这种体验通常会面对一些不可忽视的技术障碍——指导学生进入分组讨论室，再把他们重新组合到一起，远不像想象的那么简单（尽管 Minerva Project 之类的其他接口可以让这一过程变得更加顺畅）。此外，我们还发现，和上述提到的互动一样，在主导课堂参与的社会规范不变的情况下，学生需要在参与方式上获得详细指导。比如说，我们就曾注意到一种奇怪的非对称现象：在这种分组讨论室中，有些学生并没有打开摄像头。但我们也认识到，有些学生并不愿意让同学看到他们在家中的情景，这会让他们感到不舒服。

异步模式

尽管这些模式很常见，但却会给教师带来不小的负担，尤其是那些在总体上对技术缺乏信心的教师。在这种情况下，教师不得不兼顾内容讲授和课堂组织等技术性事务，这就大大增加了面授教学的复杂性。在教学模式转型开始之际，社交媒体上充斥了出自学生之口的故事，讲述教员忘记打开摄像头或麦克风、忘记关闭计算机其他选项卡中"可见"开关或是忽略镜头中的可见背景，这些幽默故事中隐含着教师的尴尬。对此，我们提倡教师以异步方式讲授教学内容，根据自己的选择把"核心"材料制成视频资料，而不是再勉为其难地进行现场授课。这样一来，他们就可以摆脱来自现场观众的压力，从而有更多时间去掌握技术，这显然有助于提升讲授效果。此外，这种模式还有其他优势：教师可以按内容匹配演示文稿的长度，而不必受制于外部约束（如预先安排好的上课时间）的限制，另一方面，学生可以根据自己的时间安排互动，从而与新形势下的常态更具有兼容性。

当然，教师也可以录制直播课程，而且在我们所观察到或亲身协助参与的大多数直播课程中，实际上都是在模拟远程课堂的体验。这也为学生提供了一种持久性的学习资源，也就是说，学生可随时根据自己的时间安排学习，从而使受危机影响程度不相同的学生能够尽其所能地参与学习。比如说，受疫情影响不得不返回本国的留学生，他们可能需要在当地时间凌晨3点开始上课，但有了这些录制资料，他们就可以按当地正常的作息时间进行学习。不过，录制现场授课也会带来其他问题，最明显的问题就是，这会给那些原本希望当面提问或进行现场互动的学生带来更大压力：在意识到他们的问题或互动将被录制下来，并发布给其他学生时，会让他们感到压力。他们会担心自己的问题缺乏深度，担心尴尬的问题被录制成视频，并被其他同学所知晓——甚至会传播到课堂之外；相反，在面授课堂上，在下课五分钟之后，人们或许就会彻底忘记你在课堂上提出的问题。

但异步授课模式也会带来问题：因为异步本身就意味着教师和学生之间不存在实时互动。在同步聊天工具中，学生的问题可能在内容上已不再锁定于具体地点，而是被提炼为与地点无关的论坛帖子。涉及同步课堂讨论或小组活动的课程也存在这些问题，尽管有些尝试确实取得了成功，比如说，要求学生录制本小组的互动过程，并以某种作业形式予以提交。

主持人模式

正是因为这些不同的利弊权衡，才最终形成同步模式与异步模式的某种"混合性"折中方案。在这个领域，"混合性"这个词承载了很多内涵，甚至有被"滥用"的风险，因此，我们更倾向于采用另一个不同的术语：我们称其为"主持人"模式。在这种模式下，教师采取的方法是预先录制完毕"核心"材料，然后在现场互动中"主持"这些材料的播放过程，就像电视主持人或仪式主持人那样。如果课程播放时间选择为美国东部时间星期二和星期四的上午9点半，那么，教师可以在星期天提前录制授课资料的视频。然后，在美国东部时间星期二上午9点半，学生登录视频电话会议系统。教师短暂出现在屏幕上，对参加课程学习的全体学员致欢迎词，然后播放事先录好的视频。在视频播放过程中，学生可以在聊天框中向教师实时提问，教师在现场直播环境下解答问题，而视频继续播放，无须因为学生和教师之间的互动而中断。这样，学生就不会觉得一定要在全体学生中断学习的情况下提出问题。但如果教师认为，某个学生提出的问题有引起全体学生关注的必要性，那么，他们可以这样做：暂停播放视频，自己重新出现在屏幕上，以实时方式解决这个问题，然而再恢复播放预先录制的视频内容。此外，教师还可以在视频内容中设置中断点，在这些不播放新内容的时点，要求学生自由提出问题或解决问题、进行小组讨论或是采取小组讨论室方式开展小组互动。

从表面上看，这个模式似乎有点笨拙。既然视频是事先准备好的，那么，为什么还要对学生进行现场直播呢？为什么还要让他们参与讨论，而不是只要求他们被动观看视频呢？实际上，这种模式既保留了预先录制材料可以带来的流畅性和舒适感，也在课程内容中融入了实时互动的机会。与本书中提到的其他观点一样，它只是在必要层面上采取了某种折中：不必为获取异步模式的好处而完全放弃同步模式的互动。但是和其他所有模式一样，它也有自己的缺陷——来自学生的实时反馈并不能改变教师展示授课内容的方式。但是与我们合作的很多教师都感觉，异步模式本身的优势足以确保演示效果，以至于让任何根据实时交互进行的即时调整都显得微不足道。

在投入使用之后，这种模式还展现出其他优势。即便是远离学校所在时区的学生，依旧可以接收到录制的演示资料，并在观看过程中取得与实时课程一样的体验。但如前所述，在获取实时课堂体验的时候，自然会强制其他实时参与者接受其问题、讨论被录制的结果。在主持人模式中，实时进行的提问和讨论独立于后期共享观看的录制信息。对同时讲授同一门课程若干部分的教师而言，他们可以更好地集中精力，一次性完成一堂课的讲授和录制过程，并在后期的实时课堂上反复使用这些视频，而无须像面授那样，不得不在多节课中反复讲授相同内容。我们认为，如果最大限度地利用这些方法，就有可能全面发挥它们所带来的潜在优势，但是在现实中，这些优势还只是刚刚浮现水面。

分布式模式

我们在实践中所看到的这些模式，实际上都只是展示了分布式课堂的某些特点。它们允许学生分布在遥不可及、相互隔离的空间位置。有些模式允许学生按自己选择的时间参加课程。主持人模式反映的是以不同折中方案满足不同学生需求的概念：能参与实时授课的学生可以选择实时听课（不必同意自己的提问被录制下来），而无法参与实时学习的学生，也不会因此而无法获得学习内容。

回顾一下时间和空间矩阵，"同步模式"往往存在于同步远程象限中，但它也可以为有限的异步参与提供资源。"异步模式"存在于异步远程象限中，但它只允许进行异步远程方式的互动，从而彻底丧失同步互动的优势。主持人模式属于远程方法，但它实际上分布在同步象限和异步象限之间：也就是说，既存在一种包含同步互动优势的同步远程模式，也存在一种适用于无法参与同步模式的异步远程方案。与 HyFlex 设计的结构一样，折中是在学生层面进行的：不能以同步方式参与，实际上并不妨碍学生的参与，只是改变了他们所参与课程的部分特征而已。只有那些须采取同步互动方式的部分，才是异步学生无法体验的。

这些折中相对比较直接。实际上，班级会议已通过包含必需内容的视频会议得以实现。这样，学校就不会受学生所在不同时区的影响（比如更多的本地 K12 学校），学校把会议内容记录下来，从而为学生提供课后的学习资源。这在很大程度上解决了妨碍同步出勤率的食宿或患病学生问题。这种方式可以让患病学生及时跟进最新授课内容，无须教师为他们提供额外辅导。

这些好处是显而易见的，而且课堂体验的数字化也可以让学生很容易体验到这些优势。想想时间空间矩阵，我们可以看到，创建远程课堂体验需要技术，而这种技术又为实现跨时间的分布提供了有效支持。这表明，只有维持在时间空间矩阵的远程一侧时，这些优势才能保留下来。

那么，如果不是这场全球性流行病，迫使学生们不得不待在家里，维持远程课堂的这些优点是否值得呢？事实似乎并非如此：尽管存在健康隐患，但大学和其他学校不得不面对尽快重新开放面授的巨大压力，很多学校已争先恐后地在 2020 年秋季重新开放，但随即便再度关闭。显然，在同地同步体验中，很多要素被过度关注。这些要素并不局限于教学方法；很多方面可能与正规教育所承担的社会角色相吻合，比如说，为学生提供培育友谊和建立联系的共享场所。而其他方面可能与教育所发挥的结构性角色一致，比如说，为学生提供活动场所，从而为父母提供重返工作岗位的机会。不管怎样，学生和教师无一例外地对面授课堂表示出极大热忱。这可能源自面授模式的某些基本优势，也可能只是出于熟悉而带来的舒适感。但是在任何情况下，学校都要面对巨大压力：恢复在本轮转型过程中丧失的面授体验。但回归面授体验是否就意味着，一定会失去这些替代模式的好处呢？

从分布式课堂角度看，答案是肯定的。面授过程的互动在分布式课堂的体验中占有一席之地。主持人模式可以把远程课堂体验分布到同步和异步象限之间，同样，分布式课堂不仅希望把这种体验分布到同步或同地课堂中，还希望把它们进一步分布到同步或同地课堂的中间层次——也就是我们在第二章介绍的模式，即，学生可以脱离原始班级，建立自己的同步或同地学习群组。这样，对那些因为受到限制而不能以同步方式参与的学生来说，我们既可重新创造同步学习所具有的面授体验，让他们获得面授体验所具有的全部好处；此外，我们还可以利用在过去几个月掌握的知识，将面授课堂的体验延伸到以远程异步方式参与学习的学生及学生群组当中。

第二部分
展望未来

第四章

分布式课堂矩阵

我们在第一部分介绍了"分布式课堂矩阵"的基础，并在第一章里指出，在线教育和传统教育一分为二的分离格局已被打破，而且这种状态还应延续下去，并最大限度发挥每种方式的优势。第二章从计算机辅助开展的协作工作社区体验出发，并从时间和空间这两个维度解释了各种教学方案的基本框架。第三章则以这些框架为起点，介绍了现有的教育教学趋势，并着重强调了分布性体验的进一步普及。

在第二部分中，我们将深入探讨如何在教学实务中创建分布式课堂。在本章里，我们首先对"分布式课堂矩阵"及其在两个坐标轴的附加维度上给出更清晰的定义。然后，我们将通过一系列小的示例或情境，描述可能存在于每个象限内的课堂模式，以及这些模式如何分布于其他象限中。最后，我们将讨论一下不太直观但却有可能带来有益洞见的象限。

在第五章，我们将把这些不同象限集中到一个更大的情景中，显示它们在诸多维度上的分布性，并进一步指出，对称性概念是分布式课堂的终极形式：对称性的实现源于课堂结构的合理设计，从而让课堂体验不依赖于教师本人能否出现在更广泛的分布式生态系统中。这显然是一个雄心勃勃的构思，因此，我们将在第五章的结尾给出一个扩展性图例，并据此说明分布式课堂已经存在的情境，而且我们还将指出，对称性已在完全不同的诸多领域中得以体现。

扩展后的时间空间矩阵

我们曾在第二章里指出，在时间空间矩阵的每个坐标轴上，都存在一个附加维度，通过这个附加维度，我们得以区分包含原始课堂交付内容的同步同地模式和拥有同学及专职助教的同步同地模式。考虑到这也是随后两章即将讨论的主题，因此，我们不妨通过图4-1看看这个扩展后的时间空间矩阵：

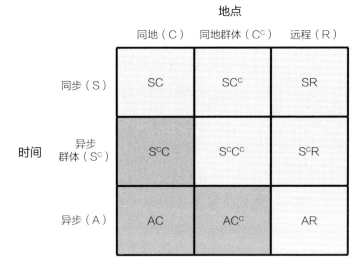

图4-1　分布式课堂矩阵

基于同步性和同地性之间的关系，上述矩阵提出了9种不同的课堂类型。其中，6个浅色单元格代表较为直观的课堂实现方式，而三个深色单元格代表的模式在现实中存在随意性；在这些单元中，我们的核心问题就是维持同地性而非同步性是否有可能，是否更有意义。在课堂背景下，让学生在同一地点聚会而不追求在同一时间见面是否更有意义？本章将重点介绍 6 个浅色单元格，并最终简要探讨一下，在深色单元格内，什么样的实现方式才是有意义的。

分布式课堂的重点并不是在"分布式课堂矩阵"中选择最适合一堂课的单元格；而是任何把课堂分布到矩阵中尽可能多的单元格中，从而让更多学生有机会获得这些内容，而且只需他们对个人参与进行最低水平的必要取舍。但是要了解每个单元格的内涵，最可取的方式就是考虑如何设计最适合某个单元格的课堂。

我们不妨从最熟悉的课堂设计开始，然后逐渐延伸到不太熟悉的单元格。位于 SC 单元格的课堂设计非常简单，即，学生在同一时间和同一房间集中上课。这也是教育的标准模式。但这种模式在新冠肺炎疫情后出现中断，主要是因为标准模式已完全不再可行。取而代之的是，大部分课堂开始转向位于 SR 单元格的课堂：学生登录学校采用的电话会议系统，仍以同步方式上课。此外，这也是某些远程学习项目采用的模式。但最重要的是，课堂仅停留于矩阵的一个单元格内，也就是说，学生最初进行同地学习，而后再进行远程学习。

相反，某些课堂转向位于 AR 单元格（异步远程，不同于增强现实技术），即，采用预先录制的资料而不是进行实时展示，从而允许学生按适合自己的时间进度观看视频资料。这也是我们在在线计算机科学硕士学位课程项目中采用的模式，也是 MOOC 所依赖的模式；新冠肺炎疫情暴发之前，在我们专为 K12 开设的虚拟课程中，大多数学生也在按这个模式接受学习内容。重要的是，模式本身并不表明评分的严格性、反馈的质量或是它所支持的学生数量——这些要素可能与传统模式完全一致。位于 AR 单元格的模式只是学生与教师以及与材料本身实现互动的一种方式。

最后是"分布式课堂矩阵"的三个中间单元格。SC^c班级（同步同地的群体学习模式）不是由矩阵的其他任何单元格衍生而来，在这种模式中，学生由远程教师提供教学。面授课堂中的远程客座授课就是这种感觉，客座讲师通过电话会议进行现场授课。

S^cC^c班级是指以群体形式进行的同步同地学习，但相对原始课堂体验而言，它更具有异步远程特征——它把一群与原始讲授者分离的学生集中起来，但同时又增加了一定程度的异步性特征。比如说，客座讲师可以录制一段授课内容，并在随后播放给一个学生群组，而后，通过课程论坛以异步方式解答学生问题。重要的是，这些学生仍在同一时间集中到同一地点，共同观看授课视频，这可能需要助教的支持。譬如，一位居住在温哥华的教师就可以使用这样的模式，以远程方式在开罗开设一门课，尽管这两个地点的工作时间完全没有重叠。

最后，S^cR课堂是指以群体形式进行的异步远程学习，所有人均处于远程状态，而不是集中到同一个房间，它保留学生之间进行异步学习的概念，但规避了必须集中到同一地点的要求。不妨设想一下，当新冠肺炎疫情暴发时，一位教师在温哥华的家中以远程方式为开罗的学生讲授S^cC^c课程。尽管位于开罗的学生无法再集合到同一个课堂听课，但他们仍可登录视频系统，同时观看事先准备的授课材料。此外，有具体需求但因过于分散而无法集中上课的本地学生群体也可以使用这种模式上课。我们采访过的一个组织介绍了向越南学生讲授无线数据系统的方法。这些学生来自越南各地；尽管他们不能亲身参与聚会，但考虑到他拥有共同的语言、文化背景和时区，因而，仍可采用同步会议及互动方式。

需要提醒的是，这些示例并不是假设：在全球众多的教育机会中，上述的每一种模式都已成为现实。有些大学为大型讲座提供了专业教室，学生可以利用平台观看直播课程的视频。尽管真正的面授课堂可能就在隔壁房间进行，但这依旧代表着向 SC^e 区域的某种分布，它消除了原始课堂因为墙壁而形成的有形限制，并把这些分散的学生与所在的群体联系起来。就像斯坦福大学 "CS Bridge" 项目所展示的那样，由于无须教师到国外度过整个学期，因此，SC^e 和 S^{e}C^e 之类的模式在开发贫困落后地区教育机会方面发挥了重要作用。哈佛大学的 CopyrightX 项目即使用 S^{e}R 模式为 25 人规模的群体开设远程课程——专门设置的哈佛大学教学专员每周以同步方式组织研讨会，提供原本需要以其他异步方式提供的课程内容。

这些示例从一开始就在很大程度上（尽管不是完全）设计出适合矩阵中某个单元格的课堂模式。分布式课堂主张设计能分布于矩阵若干单元格的课堂模式，从而充分利用已完成的工作来扩大教学范围，让学生仅投入必要精力，即可激励获得期望得到的知识、体验和学位。当然，这仍需要一定程度的协调和折中——希望获得学位的学生需要参加更多的测评，而这就可能需要接受现场授课、被监控的考试或是支付更高的学费——但这种折中会更加灵活。

分布式课堂的实施情境

根据上述分析的模式，我们不妨通过一系列情境，尤其是利用 SC 课堂模式为存在于矩阵其他单元格中的课堂模式提供支持，探讨如何把课堂分布到矩阵的不同单元格中。当然，分布式课堂并不是一定要以 SC 课堂模式为起点。我们此前曾分析了录制远程同步课堂的做法，供无法参加实时直播课堂的学生随后使用，从而把课堂分布到 SR 和 AR 这两个单元格中。然而，SC 课堂对学生的要求也最高，它需要学生在地理位置上靠近校园，支付更高的学费，而且往往需要他们在工作时间内听课——因此，更合理的策略就是以 SC

课堂为出发点，并由此向其他单元格拓展。

对此，我们不打算按逻辑顺序逐一讨论，而是从最熟悉的模式开始，并逐步推广到更新颖的模式。但即使是创建模式，我们也需要强调，如何进一步培育拥有更多面授课堂动态特征的体验。需要提醒的是，这些模式都需要具备某些最低的课堂捕获功能：使用适合分布式课堂的面授教材、需要录制授课过程（包括教师的音频和视频）、使用白板等课堂视觉辅助工具以及大屏幕等。尽管人们经常将这称为"演讲捕获"（lecture capture）功能，但我们喜欢称之为"课堂捕获"（classroom capture），因为其他课堂结构，尤其是那些涉及主动学习的课堂结构，同样可以被捕获并实现分布。我们将在第六章深入探讨这些现实要素，但在这里，值得提醒的是，这些要求还不至于让人望而生畏。尽管更先进的设备和设施会带来更好的产品，但目前在课堂上采用的工具，基本已足以记录可供分布式模式使用的课程。

AR 课堂

AR 课堂介于 MOOC 模式和基于 MOOC 的硕士学位课程模式之间，它通常采用自定义教材专门设计而成。课堂捕获（即，拍摄的现场课堂教学）因某些特征而被指责为是一种过度机会主义的做法，而且浪费了在线载体的某些功能。在为 AR 使用者创建从零开始设计的媒体时，设计人员可以更好地理解这种媒体：可以根据课程的自然范围，而不是按课程的时间安排进行设计；将主动学习的机会整合起来，而无须考虑完成这项工作需要个人花费的时间；即使在最初录制的研讨中，教师也有更多机会重新拍摄和修订这些视频资料。作为笔者，大卫曾有过这样的境遇：在录制一堂课的时候，几乎每句话都要重复三到四遍，才最终取得满意的效果。尽管编辑后的视频质量非常不错，但我们还是怀疑，因为这番操作，负责编辑这些重拍内容的视频制作人员是否能体谅他。此外，这个故事还隐含着另一个结论：大多数学校并不安排专职视频编辑人员去做这件事。

我们喜欢以定制开发的模式对在线课程进行设计。它让创建新课程的过程更有针对性，而且会迫使教师重新考虑课程的结构和组织。此外，它还提供了大量进行交叉索引内容的机会。在设计过程中，教师在任何时点都可以做出判断，在需要就某种概念提醒学生的时候，学生可随时跳转到相应的课程或视频。对这个定制开发模式的资源投入表明，我们可以采用比传统课堂结构要求更高的其他功能。比如说，在一堂课中，动画设计师可能需要耗费大量时间为某个复杂概念创建丰富的演示文稿。此外，若干教师可以使用和展示同一份材料。布朗大学教授迈克尔·利特曼（Michael Littman）与查尔斯共同开发了课程"CS7641：机器学习"。让他们每学期亲自为这个班级共同授课显然是不可行的，但由于他们只需要一次性拍摄授课内容，这样，就可以达到两个人同时授课的目的。

但它确实也存在明显缺陷。首先，开设一门新课程需要更多资源。我们此前曾指出，我们的在线课程通常需要 6~9 个月的设计制作时间，在这段时间，我们会告诉讲师，即使他们以前亲自讲授过这门课，但仍需每周进行大约 10 个小时的额外工作。其次，这种资源的投入强烈要求教材具有可长期使用性，因为在变化频繁的领域，课程更有可能过时。在每学期均讲授和重复使用相同教材的情况下，在某种程度上，这个问题可以自然而然地得到解决。在使用预先拍摄内容的情况下，教学材料可以得到更好的利用。因此，这种为 AR 课堂拍摄针对性材料的模式非常适合传统领域中需求较高的课程。这两个标准证明了前期成本的合理性，因为内容是持久的，并且注册学生的数量始终保持较高水平。

但是在成熟的领域，那些要求较高但潜在影响相对有限的课程，尤其是考虑到之前的观点——在需求较大的领域，往往很难找到符合要求的教师，因为从事这些领域教学的教师炙手可热。但对于其他课程而言，应如何缓解这两个障碍呢？对此，我们将以一个分布式模式来说明这个问题：这是一个同时适用于 SC 和 AR 单元的课堂。我们不妨假设，在每周一和周三上午 9 点半，安娜·罗德里格斯（Ana Rodriguez）需要为一个包括 25 名学生的班级以面授方式讲授 CS3750 课程，这是一门介绍人机交互的课程。她的授课方法是在屏幕上显示幻灯片和不同界面的现场演示。她的授课过程事先被录制下来，包括授课过程的视频、讲话的音频以及现场演示和演讲的录像。这些录制材料以同步方式播放，也就是说，录制界面本身可以在她演说时使用的计算机上运行。因此，在课程结束时，安娜就会得到一份完整课堂过程的录像。

然后，安娜对这份录像进行编辑。"编辑"或许是个令人生畏的词，对某些人来说，它会人们联想起形形色色、胡里花哨的软件——进行图形叠加、编制音乐前奏和尾声以及制作情节提要等。但相关研究的总体结论是，这些高制作的步骤对改善参与情况和学习成果或许并无太大意义。我们在这里所说的编辑，更多的是指让视频能够满足分散化观众的最低要求：消除体验死角或技术障碍，如果学生不同意让自己的提问被录制下来，则可以删除该学生的问题，或是把录像分解为更小、更易于索引的模块。在这个过程中，几乎无须采用任何专业技术性或功能强大的软件，安娜本人即可完成这个最低限度的编辑工作，或是由专门配备的助教、视频音频专家以更高的效率完成这个步骤。随后，再使用班级的学习管理系统共享这个内容。这样，最初的 25 名学生就可以把这些内容作为一种学习资源；而错过当天课程的学生，则可以使用这项资源弥补错过的内容。

到目前为止，我们实际上并未介绍任何有变革意义的东西。在 2005 年左右，佐治亚理工学院的一位微积分教师曾在星期一、星期三和星期五早晨 8 点上课，但她把每节课的内容录制下来，并进行在线分享。学生无须强制上课，而是根据自己的时间安排，通过录制资料进行学习。但这个班级仍具有结构化特征，这和 SC 模式的班级完全一样：只有日程安排吻合的在校生才能申请上课。因此，AR 特性完全属于额外取得的收获。

相反，分布在 SC 和 AR 单元格之间的班级则意味着，从一开始就把学习者视为异步、远程学生。因此，须通过增加相应的系统，让他们无须在校即可完成课程，比如，以远程方式提交课程作业，并以异步方式进行提问，这些功能完全等同于我们之前在现代学习管理系统中介绍的功能。因此，在 SC 和 AR 单元格之间进行分布式课堂已成为现实，让异步远程学生完全参与到课程当中，提交相同的作业，获得成绩和反馈，并最终取得学分。实际上，在 2020 年的秋季，佐治亚理工学院的国际教育办公室就已发布指南，并规定，以混合式模式提供的全部课程应同时适用于纯远程学生，包括那些因签证问题无法从国外返校的学生。

当然，问题依旧存在；这些学生没有能力参与现场的课堂讨论、方便地参加小组活动或是以同步方式向同学展示自己的作业。尽管可以使用某些机制复制部分特征，但我们在自己的工作中却发现了一个相互矛盾的结论：即便是在全部以异步方式提供支持的课程中，学生依旧重视同步性。这就是我们所说的"同步悖论"，即，学生要求课程采取异步方式，以适应他们在工作或家庭中面对的现实约束；但是在这门课程中，只要不影响他们的总体参与，他们依旧希望进行同步交互。在这种情况下，是否真的需要牺牲同步性，还是在保留同步性的同时又不影响学生的选课申请？我们将在随后介绍的其他课堂结构中探讨这个话题。

这种以 SC 课堂为 AR 课堂提供基础的结构已在 MOOC 模式中得到运用。我们最喜欢的 MOOC 系列课程之一，就是哥伦比亚大学通过 edX60 平台开设的"内战与重建"系列课程，这门课程是依据学分课程中的现场讲座制作而成。尽管它是在 SC 和 AR 单元格之间进行分布式课堂的另一个示例，但它显然需要很大程度的牺牲：AR 学生当然不会取得真实的课程学分、对其作业的手工评分和反馈，或是亲身接触该领域的专家，而这却是 SC 班级学生可以享受的待遇。尽管 MOOC 仍发挥作用，但需要注意的是，分布到 AR 单元本身并不意味着一定要放弃更有价值的评分，或是取得学位所需要的学分——比如说，在新冠肺炎疫情暴发后出现的混合式课堂，就是一种分布在 SC 和 AR 两个单元格的模式，但对 AR 学生而言，它依旧保留了与 SC 模式相同的评分、严格性和反馈。

在我们开设的在线计算机科学硕士学位课程中，也在某些方面采用了这种模式，尽管我们还需要在某些细节上给予特殊关注。当教师同时以在线和面授方式讲授同一门课程时，他们通常会给面授学生提供访问在线课程视频的权限。这也是翻转课堂的一部分：让面授学生利用预先排定好的课堂时间，进行更主动积极的学习。实践已经证明，在我们开设的在线计算机科学硕士学位课程中，这也是教师在教学中最喜欢的内容之一。在这种模式下，SC 和 AR 学员仍可以采用共同的助教、课程时间表、评分标准和作业指导等。这代表了一种向分布式课堂的转化，尽管它也会通过 AR 课堂模式而增强 SC 课堂的体验，而不是相反。目前，我们正准备在 SC 课堂的基础上尝试更多的在线计算机科学硕士学位课程，以了解如何采用这种模式创造更多的课程机会，并保持教学内容的及时性。

SR 课堂

相对而言，在 SC 和 SR 单元之间进行的分布相对更为成熟。这也是很多大学已经采用的远程学习模式。这种模式以远程学习课堂的形式开展面授会议，以支持远程学习者实时观看课程。和 AR 课堂一样，这同样意味着，这些远程学生可以以全日制方式参与学习，包括提交作业和参加考试等。但是与 AR 课堂不同的是，它要求学生必须在特定时间出席；作为满足这个特殊要求而进行的补偿，它为 SR 学生提供了现场参与的机会。值得注意的是，两者并不相互排斥：没有理由把为课堂捕获设置的 SC 班级的课堂内容对 SR 学生进行直播，而后再分享给 AR 学生。我们将在第五章中再次深入探讨这个话题。

对分布于 SC 和 SR 单元格之间课堂而言，它在目前的普及性表明，我们或许不必过度探究它的可能性，尤其是在它已成为分布式课堂实践范式的情况下更是如此。但我们确实有必要反思我们经常面对的一个问题，以及如何让课堂在这两个单元格之间实现更大程度的分布。也就是说，如何让 SC 的体验更合理地体现在 SR 的体验中。

按照我们对这种同步远程学习体验的观察，我们发现，核心就在于访问学习资源的使用权限。远程学生必须拥有访问学习资源的权限。但分布式课堂的目的在于对所有体验实现分布，而不只是对学习材料访问权限的分布。在地理位置偏远的地方，远程使用者更有可能成为第二梯队学生：尽管他们被赋予可通过教室后方摄像头观看"真实"课堂的权限，但他们本身并不是这个"真实"课堂中的学生。由于互联网传播速度的滞后性，以及远程学生在感受面授学生获得的形象和声音方面存在不确定性，因此，同地学生和远程学生之间很难实现真正的互动。如果课堂内容包括小组讨论或小组活动，那么，这些内容就可能无法有效地传递给远程学生；我们看到的最多也只是一个口号——"远程学生相互合作"，但这显然忽略了这种体验的某些现实。毫无疑问，某些教师、班级和学校已在这方面找到了有效对策，但我们的观察表明，这种情况毕竟只是相对少数。

我们发现，两种方法可以解决这种不对称性，对此，我们将通过一个示例进行说明。以谢尔盖·拉宾诺夫（Sergei Rabinoff）讲授的课程 INTA6002 为例，这是一门大学研究生水平的讲解国际事务策划中的战略决策课程。考虑到课程仅针对参加远程学习的学生，为此，通过配备摄像头和声音录制设备的远程学习课堂，谢尔盖向面授学生现场讲授事先准备好的演示文稿；与此同时，还要向远程学生以实时直播形式，播放同一份演示文稿。为了把面授体验以更对称的方式传递给远程学生，谢尔盖采用的方法就是采取某些有针对性的行为，把远程学生视为与面授学生处于同一层次的成员。在授课开始时，谢尔盖可能需要用一部分时间直接对着摄像机讲话，并向面对屏幕的远程学生致欢迎词。在授课过程中的每个阶段，他都有可能提出问题。在这段时间，他或许还会只对远程听众提问，在这种情况下，就不必担心网络传播滞后或音频不均匀而破坏当面提问的体验。另一方面，谢尔盖也可以使用现代电话会议软件的某些功能，让这些远程学生以虚拟方式举手提问。在小组活动或小组讨论方面，远程观众可能会被优先分成一个小组，这些小组进入一个小组讨论室并进行讨论。在课堂结束时，当面授学生与在线学生退出教室，进入专门时间的问答环节时，谢尔盖会继续留在镜头前。这些措施的目的是双重的：首先，与这些远程听众分享全方位的面授体验；其次，有意识地向远程听众表达对他们的重视，并把他们视为与面授学生同等存在的成员，并对他们给予等同于面授学生的互动性和个别关注。

向远程学生进行简短的问候，这种做法确实影响巨大，但这种效力仅限于远程学院保持相对可控规模的情况。而分布式课堂的一个重要目标，就是扩大课程的覆盖范围。我们的在线计算机科学硕士学位课程有一个非常重要的标志：在大多数课程中，助教的加入消除了对学员人数的硬性限制，随着助教人数的增加，入学人数会呈现出同比线性增长。如果 500 名学生有兴趣报名参加谢尔盖的课程，但面授课堂只能容纳 25 名学生，应该怎么办呢？远程课堂是否也需要设置人数上限？

因此，在 SC 和 SR 单元之间进行分布的第二个模式，就是实现分层式的教学支持方法。我们不妨首先考虑创建一个容纳 50 名学生的单独远程课堂，与此同时，谢尔盖还要进行面授教学，这对于谢尔盖来说实在非常困难。这个大课堂配备了专职助教。在面授课堂中，这名助教的唯一作用，就是为远程学生创造学习条件；他需要在现场授课过程中通过聊天设施回答学生的提问，在小组讨论中指导学生进入分组讨论室，并把自己无法解答的问题传递给教师。这就大大减少了谢尔盖在接纳远程学生方面的劳动量——从需要面对 50 人缩小到只需面对 1 个人即可。在这种情况下，这些专业辅助人员在现场课堂中的唯一角色，就是协助远程学生获得相应的学习体验，从而大大增加可容纳的远程观众数量。

　　现在，我们不妨设想一下：谢尔盖的班级吸引到 500 名远程学生，而不是 50 人。这当然大大超出了他在讲授内容时的可控规模，而且也不是一名现场助教所能管理的。和以前一样，他可以把这 500 名学生划分为不同的远程区域，每个区域由一名专门配备的助教负责，这个助教也是这个区域的唯一联系人。这些助教可以自行安排、整理并最终确定全部远程学生问题的优先性，然后，在授课结束时，把这些问题转交给谢尔盖解答。在这个过程中，也可以由一名助教担任所有区域的总负责人。然后，按注册人数同比增加教学人员的数量，并设置一名针对全体学生的专职联系人，即可在不大幅增加授课讲师工作负担的情况下，为全部 525 名学生（含辅助工作人员）提供相同的现场课堂体验。与分布式作业提交、评分和异步问答等现有基础设施相结合，这些远程学生不仅可以满足学分要求，还可以取得与面授课堂基本相同的体验。

　　和本书中的其他很多示例一样，这个例子基本针对高等教育，但也可能适用于 K12 基础教育。不妨以美国的佐治亚州为例。佐治亚州的人口主要集中在亚特兰大城区，该州约 60% 的居民居住在亚特兰大的都会区，但这部分地域的面积仅为全州面积的 14%。在撰写本文时，该州最大的高中[⊖]是诺克罗斯高中（Norcross High School），共有 3817 名学生。该学校可以为规模巨大的学生群组提供各种课程，其中包括珠宝与金属加工、3D 设计、市场营销、创业以及工程应用等。此外，该州还拥有 40 个高中生人数不足 500 人的郡[⊖]；

　　㊀　在美国，"高中"教育通常是指面向 14 到 18 岁学生的四年制教育，分为四个年级：9 年级、10 年级、11 年级和 12 年级。

　　㊁　在美国，郡是隶属于州的设置。佐治亚州有 159 个郡；位于该州首府周围的亚特兰大都会区由 29 个郡构成。

这些郡当然不必创建诺克罗斯高中这样的庞然大物，聘用大批教师去开设形形色色的课程。但是，通过位于 SC 和 SR 单元格之间的分布式课堂，他们就完全克服了教师人数的限制。在这 40 个郡中，如果每个郡只有一个学生对工程学感兴趣，那么，就可以设置一名助教，以诺克罗斯高中开设的面授工程学课程为基础，利用完全同步方式为这个学生开设远程课堂。因此，对课堂进行类似的分布式操作，可以为人口稀少地区的学生创造学习机会，在无须对 AR 学习进行任何折中的情况下，即可为这些学生提供细分课堂。尽管这会弱化很多现实制约——比如为诸多不同的体系和地区安排实时集中时间的要求等。不过，我们准备在讨论其他几种课堂结构并探讨如何进一步解决这个问题时，再详细分析这个话题。

SC^{c}课堂

以上三种课堂设计（SC、SR 和 AR）涵盖了最常见的远程学习方法——既有针对某个单元格设计的专门性方案，也有从一个单元格中拓展到另一个单元格的分布式方案。三者共同构成了一个功能强大的选项菜单，为学生提供诸多可选方案。HyFlex 课程设计的成功就是这种功能最好的体现，它的定位就是专门针对这三种模式。至少从时间和空间需求上看，利用 SC 课堂提供 SR 和 AR 课程的方案可以容纳任何数量的学生，与此同时，它还解决了制作成本过高和内容过时等带来的问题。

但这些学生做出的这些牺牲显然不可忽视。面授学习的很多方面仍无法完整地过渡到远程学习。一个重要部分是社会要素。我们的研究发现，缺乏同步互动是在线课程难以形成社交关系的主要障碍，其他研究也发现，远程学习课程也会给共同体的形成带来类似的负面影响。在很多课程中，只有在大批学生集中在同一个地方时，某些重要材料或资源才能实现共享，譬如机器人课程中的共享机器人，或是建筑课中的真实原型材料。因此，参加远程学习时，学生不得不放弃很大一部分体验，尽管这种牺牲可能是合理的，但是否必要呢？

　　不妨以陈淑君讲授的"AE3333：高级航空航天器性能"课程为例，在这个假设的课程中，学生使用真实部件构造原型车辆。然后，他们将在佐治亚理工学院校内设置的一个风洞对车辆进行测试，以学习如何进行阻力分析，并对原型车本身进行评估。但这些体验很难轻易转移给远程学生：因为他们个人可能无法负担购置这些设备的成本，而使用真实风洞进行测试，需要通常只有大学才能提供的基础设施。那么，应如何对这样的课堂进行分布呢？或许可以在 SR 和 AR 单元格中找到答案。假如存在这样的模拟设施，那么，分散的学生就可以模拟项目操作。此外，分散的学生还可以与面授学生合作，执行可远程完成的任务，而且可以亲自动手执行部分步骤。在远程学生分布在世界各地的情况下，这或许是最好的方案——它始终坚持只需最低限度折中的原则，对没有其他方式参与课堂的学生来说，这或许是一种公平的折中，而且仍足以帮助他们拿到相同的学分。

　　但是，如果我们假设在佐治亚理工学院亚特兰大校区和法国洛林校区同时开设 AE3333 课程。假定亚特兰大的课堂于美国东部时区上午 10 点开始，此时洛林校区是下午 4 点。作为身处另一个校园环境中的成员，洛林的教学团队可以使用很多资源：多个学生组成一个小组，进行面对面的互动，共同投资创建本地的基础设施，以便于开展某些项目，获取车辆部件等共享资源。因此，洛林校区的学生可使用本地的基础设施和材料，与亚特兰大的班级同步进行课程学习。重要的是，陈淑君现在可以在两个地方同时授课，而无须额外投入大量资源。例如，他在洛林校区讲授一个学期的课程，而无须在学期中间赶到亚特兰大去讲授同一门课，也无须聘请其他学科专家在另一个地点代他授课。和 SR 及 AR 模式一样，尽管这种模式仍须在当地配备教学助理人员，但这个人只需具备助教的专业能力（因而可以是以前学过这门课的学生，也可以是担任助教的留学生），而无须聘请全职讲师。

这个例子听起来似乎有点小众化，但完全可以对它进行普及化。如前所述，按照估计，对于我们的在线计算机科学硕士学位课程而言，80% 的学生居住在主要城市中心 2 小时车程范围内。这就为创建更多的本地群体团体提供了充分机会。如果我们的项目能提供类似 AE3333 的课程，而无须在佐治亚的另一个正式校区创建一个专门机构，那么，我们就可以创建一个本地团队，利用本地的创客空间或通过协议分享其他大学实验室的设施，去实施这些项目。这把就第三章介绍的本地会议设计转化为正式课堂。对不需要大量材料或基础设施的课程而言，仍可使用这种机制为教学体验引入更多的社交互动和社区建设，为愿意在特定时间和地点听课的学生创建真正的本地群体（前提要他们仍在本地进行学习）。

这就再次回归必要折中最小化的概念。如果学生愿意为获取传统课堂体验而承诺在特定时间接受面授学习，那么，只要他们与其他愿意采取这种方式的学生居住在一个地区，他们就可以结成本地学习小组，按这种方式进行学习。相反，如果学生没有居住在这样的地区，或是生活工作不允许他们抽出时间外出学习，那么，获取这种学习机会就有可能需要他们放弃更多的传统体验，参加无须外出、在家里即可实现的 SR 或 AR 体验。在这种情况下，他们需要放弃的，或许就是无法体验到某些只能在现场开展的活动，比如 AE3333 课程所包含的活动。此外，这也会导致他们在与课程相关的学位类型等方面做出取舍。因此，我们或许可以这样认为：如果没有这种亲身体验，就无法获得课程学分；但是，为此需要做出牺牲的学生数量，却远远少于只能在亚特兰大校区学习才能取得学分的学生人数。

和 SR 课堂一样，它同样适用于 K12 基础教育领域。要提供基础教育的众多课程目录，一个问题就是需要有大量对某一门课程感兴趣的学生，随之而来的第二个问题是，一旦找到足够数量的学生，还需要找到一位教师。在 K12 基础教育层面，要鼓励更多的人选择计算机科学课，这其中最大的挑战就是教师的匮乏。即使学校有足够学生支持计算机科学课的开设，但有可能找不到合适的教师。使用 SC^c 模式，可以通过匹配其他学校的现有资源来提供这门课。尽管 SC^c 课程仍需本地的教学支持人员，但他们不必是可进行单独授课的内容专家。本地教师或许就有能力应对课堂管理，而内容支持则可通过适当的安排布置给原始教师，甚至可通过远程助教网络实现进一步分布。

S^{c}C^c 课堂

不得不承认的是，我们为 SC^c 课堂绘制的图景确实有点过于曼妙。在存在可能浪费同步课堂时间的风险时，技术问题（我们将在第六章再来讨论这些问题）就会显得更为重要。时间限制往往与地理限制同时存在。只有在多个地点同时拥有合理工作时间的情况下，SC^c 课堂才是可行的。虽然可以在某个国家内进行课程的分布，但超越这个范围，可用的时间窗口就会收窄。即使是在同一时区（比如在亚特兰大、纽约和波士顿为学习小组开设的大学课程）或同一州内（比如为贾斯珀郡诺克罗斯高中和佐治亚州伊曼纽尔郡高中学生提供的一堂 K12 课程）尝试开设分布式课堂，可用时间的差异也无法实现同步远程式班级会议。按照折中概念，这种机制仅适用于规模较小且经过针对性设计的课堂；如果其他人不能同步参加，即使是采取远程方式也无法实现同步参与，那么，他们是否需要采取折中，不得不接受 AR 模式呢？

位于矩阵中间位置的 S^c C^c 单元格，就是为了提供更合理的折中方案。S^{c}C^c 课堂以我们在其他课堂结构中介绍的三种结构为基础：课堂体验的原始录像、为分散学生设置的专职助教以及其他课堂活动目前在时间和空间上实现的分布。

我们再回到前面提到的示例——AE3333 课程。假设我们并没有在佐治亚理工学院洛林校区提供这门课程，相反，我们假设在佐治亚理工学院的深圳校区提供这门课程。通常，中国深圳和亚特兰大之间存在 11 或 12 个小时的时差，具体取决于所属的月份，因此，在一天中，几乎完全不存在亚特兰和中国深圳可以同时集中上课的时间。在这种情况下，在深圳校区这个具体地点，学生就无法和亚特兰大的学生同步上课，但他们可以集中在一起，共同听取在 12 个小时之前讲授的课堂讲座。这个群体同样采取的是同地学习方式——这个班级的全体学生集中在同一地点，使用仅适针对一定数量面授学生的基础设施类型。除此之外，他们还可以把作业提交给同一个学习管理系统，通过班级论坛向亚特兰大的同学提出问题，并获得由同一评分者给出的成绩和反馈。

但对于这个模式而言，需要牢记的一点就是课堂体验的结构。如果我们认为，亚特兰大的课堂内容只有授课，学生只需在课堂上安安静静地坐上 45 分钟，或是偶尔地提出几个问题，那么，这样的分布式课堂显然就没有什么真正意义了。相反，深圳校区可以实现翻转课堂模式，学生在课堂时间之前观看预先录制的资料，然后利用安排好的时间进行小组工作、活动和讨论。对课堂演讲体验进行分布在最初并不是什么重大挑战。MOOC 已经验证了这种模式的简易性。而 S^{c}C^c 课堂更适合于对已被事实证明为无法扩大规模的课堂体验——它们包含了更多的互动和更积极的工作，但是在教学上，也普遍被视为更合理的模式。

因此，按照这种模式，最初的课堂体验需要覆盖的要点，应包括指导学生参与讨论、开展主动项目、参与同学评分以及执行在同地同步环境中更易于管理的其他活动。此外，S^{c}C^c 课堂也可以在专职助教的指导下，按原始授课的时间同步完成这些任务。

这也是分布式课堂矩阵的中心。这种模式既保留了大多数的课堂体验，而且也最有希望实现覆盖范围和访问权限的扩大。按照这种与原始班级紧密联系的模式，我们就可以把一门课程分布到世界各地，而且无须过多考虑时区匹配或本地时间造成的限制；本地学员在确定最佳的集中地点和时间时，有非常灵活的时间选择范围。要实现与原始面授课程（也就是说，拥有共同的论坛、教学团队和作业等）的同步，一个班级只需采取与原始班级相同的学期课程表。在这个过程中，这些学习群组唯一需要做出的牺牲就是与原始教师和班级的同步性互动。他们仍采用相同的课程时间表，需要完成相同的作业，由共同的评分团队提供作业评分及反馈，而且通过异步机制向原始班级的讲师提问。

在同一单元内，还可以进行另一层次的折中。对某个具体学生而言，采用与原始班级相同的学期课程表往往是不可行的。导致一个群组不能划归原始班级的原因可能是多方面的，例如，一个高中学生群组可以完成一门大学课程，但需要将这门课分散到一年之内，而不是一个学期间。但录制和分布过程的本质表明，针对这门课程存在一种所谓的增强版"教科书"，它涵盖了课堂教学、作业描述和提示说明等更多要素。就像同一所学校的所有班级都可以采用这套教科书，其他所有学校也可以使用这套教材，并独立开设自己的课程。斯坦福大学的"CS Bridge"项目就属于这种情况，它允许本地小组取得预先编制的教材，并根据该教材提供同步课堂体验。在这种情况下，学校需要拿出自己的学分方案，并提供单独的教学支持，但这些支持只需满足最低要求即可。也就是说，他们不需要具备从头开始讲授课程的资格，而只需具备对课堂作业进行评分、提供反馈和解答问题等资格即可。当然，这也不是轻而易举的小事，尽管充分的专业知识是履行这些职责的必要前提，但更重要的是，需要在没有这种教材的情况下讲授课程。

实际上，这恰恰就是我们通过佐治亚州理工学院计算公平星座中心（Constellations Center for Equity in Computing）项目开始实施的模式。不过，该模式的灵感则来自矩阵中的其他单元格。如前所述，我们已开设了在线版CS1课程。这门课程从一开始就被设计为AR课程。尽管课程主要以传统方式向在校学生开放，但并无须开展同步或同地活动。教材中已内置了全套的教学视频和数百份作业。由于课程实际上已非常完整，因此，学生可在没有助教参与的情况下学习所有教材——已有成千上万的学生完成了 MOOC 版本的课程，而且他们不必投入额外的时间和精力。目前，这门课程已成为亚特兰大公立学校系统开发计算机科学课的基础课程，这为在常规情况下无法开设计算机课程的学校填补了空白。届时，这些学生将在同一时间参与课堂学习，共同听取授课内容，并由能回答有关内容问题的教辅人员提供帮助；但指导和评分可按事先制作的 CS1301 材料完成。

CS1301 的这种用法很有趣，因为它并不只是单纯地录制传统课堂（SC），然后再分布到位于 S^cC^c 单元格的班级；相反，它是以 AR 模式下采用的材料为基础，去开发适合于 S^cC^c 课程模式的全新材料。S^cC^c 课程的一个优点就是采用为客户量身定制的视频内容，这使得它在很多方面优于通过课堂捕获得到的资料。我们之前曾提到过课堂捕获的好处，但我们完全可以在 S^cC^c 课堂上重新体现这些优势，比如说，对内容进行及时更新或本地化应用。但重要的在于，S^cC^c 课程的最大优势就在于，它可以存在于在其他情况下可能无法存在的地方；没有自己的专职教师，就无法创建出 S^cC^c 体验所依赖的基础内容。

但这并不是我们唯一能采用这种模式的场合：我们曾在第三章里提到过，在 2020 年秋季，我们曾尝试在佐治亚理工学院深圳校园提供部分在线 CS6750 课程。这门课程就是以 AR 模式提供的，来自世界各地的学生选修了这门课程，因此，其中似乎不存在任何同步要素。作为这次试验的部分环节，来自佐治亚理工学院的 40 名学生参加了课程学习。借助配备在当地的指导教师，这些学生还可以在本地进行集中复习，为入学申请提供支持。在这段共处时间里，这些学生一同观看讲座，参加同行评审活动，并开展独立讨论。因此，AR 课堂教材的持续存在构成了实现 S^cC^c 课堂的基础。

尽管如此，这些由 AR 转换而来的 S^cC^c 课堂仍保留了 AR 模式之前提到的某些缺陷。由于难以及时更新事先录制的视频资料，因此，课程内容相对固定，课程开发需要大量投资。由于投资已经完成，因此，它在这些场合下的使用大多是机会性的。以录制 SC 课堂为基础开发 S^cC^c 课堂的模式为创建和维护内容提供了更简洁的途径（因为这些内容无论如何都要在每学期重复提供）。更重要的是，这个单元格所要求的折中是最小的：学习者仍可保留大部分学生体验，包括课程内容、课堂结构以及专用教学助理，甚至可以采用相同的作业、评分程序和课程学分。但作为代价，他们需要承诺与本地群体以同步方式集中到同一地点进行学习。好在这些群体可以分布在世界任何地点，而不是绑定到某个具体城市或时间段。在大城市核心区，来自同一城市的不同学习小组可以在不同时间集中学习；在学生人数较少的地区，只要有足够的学生参与，至少可以开设一个本地课堂。如果无法配备本地助理，甚至可通过在线形式为这些学生提供专职助教。最理想的情况是采用教学助理，即使这些助教以远程方式参与 S^cC^c 班级，大部分学习体验依旧可以保存下来。

S^cR 课堂

因为是以 SR、SC^c 和 S^cC^c 课堂为基础，因而使得 S^cR 课堂较为直观。我们不妨设想萨钦·雷迪（Sachin Reddy）讲授的课程"MGT6165"，这门介绍创业机会的课程主要针对有独立创业愿望的人。随着计算机科学的发展，很多对学习 CS 感兴趣的学生，都有独立创建自己企业的愿望。因此，这种班级对在线计算机科学硕士学位课程的学生尤其有吸引力。但是这种课程的内容必须是以充分的讨论为导向的，而且讨论必须是快节奏的，且有高度互动性。尽管以异步论坛讲授这门课程或许是有趣的尝试，但现有形式显然离不开实时互动。

那么，这种课程是否可以主要采取 AR 模式呢？当然不行，它需要采取一些折中，但这些折中应采取何种模式呢？诚然，大多数学生居住在大都市的核心区，但仍有些人远离这些区域。此外，即使是生活在大城市中心地区的人，但仍有可能因为时间安排缺乏弹性而无法在晚上参加 S^cC^c 课程。我们自已进行的研究也表明，与同地学习相比，同步性是共同体建设的一个考虑因素。那么，我们能否在这些相互对立的需求中求得某种折中方案呢？

在针对 MGT6165 设计的 S²R 课堂中，我们会看到，由 15 个人组成的学习小组可以每周安排几次集中学习时间。这样，我们就可以根据个人的时间安排，把大班（在我们的在线计算机科学硕士学位课程中，美国班级的平均人数为 350 人）划分成 25 个小班。这既在很大程度上承载了课程的灵活性，也保留了课程所需的同步性沟通。每个班级均按课程的面授版本（对我们而言，体现为每周进行两次 90 分钟的集中学习）进行，每周采用原始的课堂结构进行两次集中学习，并按原始授课的内容录像（如有必要，某些课程可完全采取讨论形式）和专职助教提供教学支持。值得注意的是，对助教的同步需求是有限的：一个新班级每周只需助教额外投入 3 个小时的同步指导时间。假设这是他们的唯一任务，那么，一名助教就即可负责一个包括 75 名学生的班级。同样重要的是，这个小班级随后仍可以和班上其他成员共同参与更广泛的异步活动，如论坛讨论和异步同学评分等。

按这个设计方案，只需采用最低要求的结构即可基本重现课堂体验，而且一旦创建，其他优势就会逐渐显现出来。这种结构扩大了学生的入学范围，让以前无法参加课程的学生群体获得访问权限，也不再只局限于能抽出时间、离开家庭且住在合适地点的人。在以讨论为主的课堂中，这种优势是持续的：不仅可以让更多学生有机会参加课程学习，而且他们的参与及其所带来的多样性，还会改善其他学生的课程体验。灵活的结构让他们有机会和更多的学生进行协作，比如说，在每周的两节课中，他们会遇到不同的同学，这让他们可以接触到更多的新同学。在此基础上，在线课堂现有的互动性和参与感也会得到强化。尽管我们的试验仅限于参与在线硕士课程的学生范围内，但这些好处已显露无遗。如果我们逐渐把试验扩展到其他课程，以及不同层次的学生，那么，收获或许会更明显。

之前介绍的某些示例已经体现出这种结构的其他价值。例如，在 K12 基础教育背景下，就有可能出现这样的情况：有兴趣参加某一门课程的学生分布在州内各个小规模学校，但是在他们所处的每个地区，没有一所学校拥有值得聘请专职教师并开设课程的足够学生数量。因此，出于日程安排等现实原因，像州内较大学校那样开设同步课堂（S^cC^c 模式）或许是不可行的。尽管无法独立聘请教师的大型学校还可以通过 S^cC^c 模式开设课程，但这仍会把那些因规模太小而无法单独开课的学校学生置之门外。但通过 S^cR 模式，就可以把这些学生集中起来，创建一个独立的在线班级，这个班级可按同步方式集中起来（可以安排在学校上课时间之后，拿出一天时间，在单独开设的学习大厅集中听课，这就不会增加学生的总体课程负担），随后，开放课程的访问权限，吸引更多的人参与这门课。

通过最后介绍的 S^cR 模式，我们可以更清晰地认识到，如果一个教师在一个地方授课，那么，在面对正常规模的班级时，怎么才能让他们的教材被世界各地的学生所采纳——完全以观看内容的能力来定义访问规模的 MOOC 模式显然不能解决这个问题；相反，这需要一种更灵活的模式，让每个学生只需牺牲最少的课程体验，即可获得希望得到的访问权限。对只希望提高知识面的人来说，或许可以选择 MOOC 模式；但对于希望取得课程学分或其他正式资质的学生，可能需要包含严格评分机制的类似课程体验。

在这一点上，我们确实希望能给大家带来意想不到的惊喜。我们希望之前介绍的这些观点能得到各位的理解和接受，并了解它们已经得以实现的场合。正如我们在第一章中所提到的那样，本书的一个重要目标，就是告诉大家，我们正在一步步地兑现这样的愿景。我们唯一需要的，就是更基础、更系统地接受并持续使用这些设计方案，而不是采取机会主义的做法。

在下一章里，我们将探讨一种特殊类型的课堂，这是一种可以存在于分布式课堂矩阵不同单元格的授课方式。它的目标是为了说明，以系统的方式接受和实施这些简单的想法，在现实中可能产生的巨大潜力。但在此之前，我们不妨静下心来，想想分布式课堂矩阵的另一半，也是矩阵最缺乏直观性的部分，以及它对我们设计这些课堂体验带来的影响。

异步同地是否可行

上一节着重介绍了分布式课堂矩阵的右上角单元，在这里，我们可以推测到的结论是，在转向异步方案之前，我们首先需要考虑远程方案，因为在考虑同地方式之前，先行考虑同步方式似乎不符合逻辑：在教学上，在不同时点为同一地点开设课程，到底意味着什么呢？

我们在现实世界中就可以找到这样的例子：比如说，为多个班级每天开设的同一门课程（最有可能存在于 K12 场合）上，我们会看到，先行上课的班级会给后续班级留下学习痕迹（之前班级白板上留下的上课内容）。在之前班级学习的基础上（白板上遗留的内容），后续班级的学生可在当天学习中增加新的课堂练习，或是在课堂上展示之前各班级的学习过程，这样，他们就可以在一天内的不同时间看到其他学生的学习过程。这种方式存在于 S^cC 单元：所有学习小组处在同一地点，并进行同步学习，但他们与生成这些痕迹的原始班级其实处于异步状态。

但这种想法并不适用于设计总体课堂体验。尽管创建这种活动可能会带来某些新颖的活动，但它不会把课堂体验本身分布在整个矩阵中，只是分布到学生正在创建的这些具体活动中。如果我们考虑的是把全部课堂体验分布于 SC^c 空间，那么，我们实际上就是在讨论类似于 S^cC^c 空间的设计类型，只不过相应的异步群体模式恰好处于录制原始材料的课堂。但是从物理角度看，如果同步课堂不是在同一时间进行的，那么，课堂本身似乎就没有什么特殊之处。那么，在这种情况下，SC^c 模式是否会带来 S^cC^c 模式所拥有的优势呢?

我们可以通过两种方式考虑这个问题,而且两者都会让我们在设计课堂时有更多可选择的附加功能。首先,我们把同地性定义为一个区间范围,而不是一个非此即彼的选项。其次,考虑同地性的依据不是课堂的实际发生地点,而是这个地点本身的属性。

同地性的范围概念

如前所述,笔者(大卫)讲授的一门在线课程叫"CS1301:计算入门"。不同于笔者开设的其他课程,CS1301 仅针对本科生。与在线计算机科学硕士学位课程不同的是,这些学生大部分时间生活在校园内——他们居住在校内宿舍或是附近的校园公寓,因此,他们可以直接使用校内资源。

我们之所以把 CS1301 描述为 AR 班级,是基于课堂体验的角度,也就是说:课程内容是预先录制的,学生无须到某个具体地点进行课程学习。在实务中,尽管我们通常假设学生生活在校园内,但我们也清楚,即便是在新冠肺炎疫情暴发之前,也有很多人并没有生活在校园内,在参加课程的时候,他们可能正在进行实习、暑假回家或参加出国留学课程。但在学期中间,大多数学生的生活范围仍局限于在某个相对较小的地域内。在某种意义上,他们不必亲自来到某个具体位置,因而,他们的学习具有远程属性,只是这种远程在程度上非常有限。

这和我们此前讨论同地模式的方式完全背道而驰。在分布式课堂矩阵中,同地性表述为一个非此即彼的二元对立概念:你是否与教师及课堂内容的原始展示点处于同一位置,以及是否与某个学生群体共处一地。在这种情况下,我们假设,如果与教师身处同一地点,那么,你就和这个学生群体身处同一地点。但如果把同地性视为一个范围概念,那么,我们就会看到 AC 课堂是如何运行的。在课程 CS1301 中,我们充分利用学生在诸多层面体现出的相近性。计算学院大楼中有一个房间,被我们称为 CS1301 问询台,所有助教均在这个房间办公，因此，只需要进入这个房间，学生即可获得助教的实时帮助。此外，我们还提供复习课，这是一门同步、同地进行的选修课，每周一次，每次持续 75 分钟。在复习课上，学生会接受助教的额外辅导，共同解决问题并取得来自助教的反馈。最后，笔者本人每周也会安排不超过 3 个小时的答疑时间，为学生提供现场提问的机会。这些个别场合均支持实时互动，这个事实足以表明，如果把它们定义为"异步"设计，似乎有点"不符合逻辑"。但关键在于，确实不存在针对全体学生的共享同步学习时间。这些同步性互动具有可选性、补充性，而且在时间安排上更有弹性。

但有人或许会问：如果学生仍在校园内，他们为什么还要选择在线课程呢？我们的早期研究发现，选择在线上课的学生非常强调在时间和地点上的灵活性；相当多的人还提到，他们更喜欢按自己的时间进度安排学习。相比之下，面授课堂学生强调的是现场体验和传统班级的结构。根据分布式课堂的范例表明，堂课设计既应该兼顾这些学生群体的需求，又能满足其他安排（比如说，学生既希望到现场集中学习，又能享受到地点就近的便利）。

复习、服务台和答疑时间的设计都基于这样一个事实：即便不是真正在同一间课堂，但至少在位置上是接近的。显然，为我们的在线计算机科学硕士课程的学生提供这些环境毫无意义，因为在这些学生当中，绝大多数并没有身在亚特兰大地区。而且基于范围的概念，而不是非此即彼的离散数值来定义同地性，那么，我们可能会发现，完全可以为这些学生设计并提供其他学习场景。然后，我们可以再把这种模式进一步扩展到 AC^c 课堂：如果一个学生群体在同一地点开始集中上课，那么，我们就可以为他们提供现场支持资源。在介绍 S^cC^c 模式的课堂时，我们曾提到，深圳校区的学生独立进行专门的复习课，从而创建出 SC 模式的课程。但即使没有这些复习课，这些学生仍处于一个相对有限的地域内。在这种情况下，按我们为本地 CS1301 课程提供的现场支持，为他们提供相同类型的现场支持完全是可行的。在这种情况下，这些学生将进入 AC° 模式的课堂：在没有复习的情况下，并不存在同步成分，但如果把同地性定义为一个范围，那么，他们与群体中的其他成员具有同地性，因此，他们完全可以分享某些现场资源。

在某些方面，这类似于我们在分析 SC° 和 S°C° 课堂时讨论的内容：我们考虑的是学生在地理位置上是否已相对接近，然后，我们再基于这种地理位置的接近性，创建一个真正的同地学习环境。但是在这里，我们还要更进一步，而且我们想提醒的是，我们可以根据这种地理位置的接近性设计出相应的学习环境，无须让一个学生群组必须在同一时间集中到同一地点。之所以这样做，可能是为了向学生提供额外的支持，也可能是因为地理位置相近的缘故：只有在某个特定地点才能获得所需要的基础结构或设备。这就是说：从空间的特征角度考虑同地性，而不是空间本身。

同地性的基本特征

按照最初的解释，同地性（co-locatedness）是指多个人共处同一个地点，尽管他们身处这个地点的时间可能不尽相同。正因为这样，我们才会看到，从表面上看，异步同地性似乎并没有什么现实意义：如果人们只是在不同时间处于同一个地方，关注他们的互动又有什么意义呢？

但另一种解释则给这个概念带来了现实意义：如果我们不再把同地性解释为字面上的同一位置，而是指代支持相同行为与活动的所有地点，那么，"相同地点"就不再仅限于某个地理位置，而是涵盖拥有相同功能的所有地点。按这样的解释，我们就可以把实验课或工作室之类的概念纳入分布式课堂的框架中。

在介绍名为"AE3333：高级航空航天器性能"的假设课程案例时，我们曾描述过一个具体地点可能附带点某些重要特征。从某些方面看，将基础设施与某个地点绑定的想法，与把学生群体与同地性绑定的观点是互补的。因此，即使不存在同地性学生群体，但使用相同基础设施的学生依旧可以参与这个班级的活动；而群体的存在正好说明了收取维护基础设施的费用是合理的。按照这个逻辑，我们就可以解释开设 SC^c 和 AC 课堂结构的意义。由于 AE3333 课程本身依赖课堂环境的某些具体功能，因此，我们可以把它视为 SC^c 课堂，而不是 S^cC^c 课堂，尽管其实际发生地点不同于原始课堂的所在地，但必须是支持这些活动的地点。相比之下，S^cC^c 课堂可以出现在群体能集中起来并实现同地学习的任何地点，至于这个聚集地的具体环境如何并不重要。

这样的区别听起来似乎有点怪异，但是对具体的分布式课堂设计而言，它却有可能带来巨大的影响。对一门通常需要部分现场学习材料或基础设施的课程，我们的设计能否兼顾两个群体——能获取必要基础设施访问权的群体和无法获取这些基础设施访问权的群体？在佐治亚理工学院，迈克尔·沙茨（Michael Schatz）开设的"物理学入门"MOOC 课程就采纳了这个想法。他并没有为满足 MOOC 的规模要求而在课程中刻意删除实验部分，而是重新设计了实验室的实验内容，使得任何人均可利用智能手机进行学习。因此，这门课程不是要求学生在实验室里学习材料，而是鼓励学生走出课堂，拍摄日常生活中的片段，比如恒速行驶的汽车或是沿抛物线轨迹运动的球。然后，他们再使用软件分析这些视频，从而取得与实验室相近的体验，并进行几乎完全相同的分析。通过这种方式，所有有机会使用实验室的学生都可以按相同的标准完成学习，而无法使用实验室设施的学生也可以在结业时取得等价的学分。

这就为我们提供了一个认识 AC 课堂的出发点：异步和同地本身并不意味着学生一定要在不同时间出现在同一地点；相反，即使采用异步方式，但只要学生的实际位置支持相同活动即可。比如说，按照这种模式，完成课堂活动所需要的资源，既可以是学生所在地直接提供的资源，也可以是其他学习地点能轻易转送给学生的资源。按这样的解释，广义上的同地性是指学生能在所在地实现的所有活动。至于学生为此需要付出的最小代价，可以考虑学生所在地所支持的活动：能完成原始班级全部相关活动的学生应直接参与；否则，就应为他们提供替代方案。而这些替代方案则会影响到课程是否能取得等价学分等标准。

地点先于时间

我们认为，这种对异步同地深层次含义进行的探索，也为分布式课堂的设计提供了某些有价值的观点。它鼓励我们摆脱典型固定课堂在时间上的约束，转而去考虑能支持课程的适当结构，比如说，在答疑时间与讲师的会面、专门设置的学习区域或是由助教指导的复习课程。

在随后的讨论中，我们将着重分析分布式课堂矩阵对角线上方的那一边，这些单元格的同地性在同步性之前丧失。首先，从功能而非字面上理解同地性，可以为我们对严重依赖教室基础设施的分布式课堂提供洞见，但是在我们看到的实务中，绝大多数分布式课堂都很少关注课堂所在的物理环境。只要学生能观看视频（无论是实时播放还是事先下载的）、进行互动、使用领域特定软件、解决问题并进行笔记（无论是手写还是使用设备），大多数课程都是可分布的。尽管实验课、演播课程及其他需要与个人活动进行更多互动的班级，都需要认真考虑本节探讨的观点，但很多课堂却无须这么做。对大多数课堂来说，是否要把课程分布到 SC^c 单元，完全是理论上的事情，因为我们根本就不可能把 SC^c 与 S^cC^c 彻底区分开来。

其次，我们的研究也发现，在支持学生互动和群组建设方面，时间比地点更重要。学生反映，与身处远距离的人建立联系根本就不是难事，但如果不能和这些人实现同步互动，建立远程联系就会遇到困难。因此，尽管异步同地确实对某些内容意义重大，但它并不是未来的重点；在分布式课堂矩阵中，我们更关注于先在空间上分布，而后在时间上分布的部分。

Chapter Five

|

第五章
对称性

正如上一章中间部分所述，迄今为止，我们提出的这些观点从感觉上看似乎平淡无奇。在了解这些观点之后，我们希望各位能以自己看到的示例说明，某些课程的创建和实施已经验证了这些观点。此外，我们还希望各位了解的是：有些高中课堂已经在使用 MIT OpenCourseware 之类的教材；通过海外学习计划，可以让海外学生与国内学生共同收听电视讲座；在本地学校不能提供学生希望获得的全部课程时，由所在校区向这些学生提供在线课程。

这些想法已在很多地方得到实施，也体现出这个发展方向的光明前景。我们已接触过数十个应用案例。这些案例更让我们确信，这就是教育正在继续发展的方向，但我们应该抓住一切可能的机会，有计划、有针对性、有组织地推动这个发展方向，而不是让它在漫长岁月中随心所欲地缓慢前行。

在上一章里，我们对已成型的现有教学模块进行了探讨。在本章中，我们希望向读者进一步展示，通过逐一分析分布式课堂矩阵的各个单元格（位于对角线上方），如何把这些模块整合为具有变革性的产物。随后，我们将讨论这种设计的终极形态：对称性。在这里，对称性是指课堂可以在矩阵的各单元格之间自由转移，而不会给课堂效果带来明显影响。如果能实现对称性，那就表示，分布式体验已非常接近于我们所期待的基本原始体验。最后，本章将从分布式课堂矩阵的视角看待一项非常不同的事业，以验证这个总体构想的可行性：既然它已在其他环境下成为现实，为什么不能在教育中大显身手呢？

完全分布式课堂

为说明实现完全分布的课堂，我们不妨以"CS4643：深度学习"课程为例。CS4643 原本是一门针对本科生开设的课程，但另一门内容完全相同的跨学科交叉课程 CS7643 则是针对研究生开设的，这实际上就说明，本科生和研究生已在一起上课，他们接受类似的评估，并在其他方面基本相同。我们选择 CS4643 的原因主要出于如下三个方面：

- 深度学习已构成机器学习的一个重要部分，也是世界上最热门的学科领域之一。因此，对这门课程的需求始终居高不下。课程基本处于爆满状态，因此，在增加师资力量的情况下，可以轻而易举地为更多班级提供支持。
- 讲授深度学习课程所需要的技能已得到充分认可，这意味着，任何有资格讲授机器学习的人，都需要心甘情愿地放弃在企业岗位上获得更多收入的机会。
- 进行深度学习所需要的材料可以完全采取数字化形式：除观看视频和访问云资源等必需设备之外，学生无须其他任何专用设备。

因此，CS4643 是实现这种分布式课堂最理想的候选方案：虽然它在表面上是一门因学校难以找到合格讲师而无法开设的课程，但却是很多学生最希望体验的一门课。因此，任何一种能扩展课程内容访问范围的机会，都会以多种方式带来巨大影响。

　　当然，随后也引发出很多替代性解决方案：MOOC、假期课程、训练营、非正式学习社区以及职业培训课程，等等。但这些方案都存在明显缺陷——要么是成本太高，要么是质量存疑，要么是学位不能得到社会的认可。而CS4643 的最大缺陷，就是进入大学课堂所面对的各种障碍（包括学费、时间要求、地理要求和招生录取等），而这恰恰也是分布式课堂旨在解决的障碍。实际上，在我们开设的在线计算机科学硕士学位课程中，CS7643 在线课程就已经解决了针对内容的障碍——与其他课程学费或是新生训练营和职业培训课等相关费用相比，这门课程的学费相对较低，仅为 540 美元；考虑到在职专业人员的需求，课程采用了远程异步模式，任何符合课程最低标准的人员都会被录取。但这些解决方案也带来新的问题，尤其是失去与同学和讲师进行同步互动的能力。这种模式的目的是在整个矩阵中进行学习体验的分布，而不是只提供要么在线，要么面授的两个极端版本。

入门：SC 课堂的捕获

　　为着手开设 CS4643 的分布式课程，我们首先以传统课程为出发点。这门课程由杜鲁夫·巴特拉（Dhruv Batra）在多年前开发完成。因此，我们不妨假设，在某个学期，杜鲁夫按传统教学环境在校内讲授这门课，授课时间为每周二和周四的上午 9 点半。在整个学期，杜鲁夫的授课过程通过在教室内安装的摄像头进行实时捕获，并使用演示设备安装的截屏软件进行屏幕捕获。每次授课时，杜鲁夫都需要随身佩戴麦克风，并通过安装在教室内的分布式麦克风实时捕获学生的提问。这样，在教学过程中引入软件，并使用这些软件对多个音频记录，并与两个（或多个）视频源进行自动匹配。这些被捕获的信息可用于进行实时直播。课后，再通过适当编辑，删除录音中的空白部分（如学生进行独立作业或小组作业的时段），删除提问学生不同意被录制的问题。随着视频焦点在杜鲁夫本人和屏幕内容之间不断切换，在线课堂也在几个摄像机镜头中进行转换。最终的结果，就是形成一套现场课堂过程的高质量录制。

仅仅根据上述介绍，这种模式的优点和缺陷即已浮出水面。首先，一个显而易见的优势是：由于时间限制，杜鲁夫每年只能讲授一次这门课程，而且可以肯定的是，他不可能拿出一整天时间去上课。此外，杜鲁夫还是这门课最初的设计者，而且也是该领域的全球顶级专家之一；如果能捕获他的完整现场教学过程，那么就可以在他不能亲自授课的学期重新播放这些视频资料，让更多学生有机会学习这门课。

但更有普遍意义的优势是，通过我们讨论的这种方法，可以扩大一门课程的普及范围和影响。这可能会对现有课程的学习范围带来规模上的简单扩大，但也可能意味着，它会鼓励那些原本没有时间授课的个别教师采取这种方式，而且只需额外投入相对有限的工作量，即可从根本上扩大课程的学习范围和影响力。但这绝不等于假设：能采取类似模式的课程只有"CS7641：机器学习"。作为笔者之一，查尔斯目前仅开设该课程的网络版，他之所以一直参与这门课程，完全是因为预先录制课程内容大大减少了备课时间。这门课程由他和该领域的另一位全球顶级专家迈克尔·利特曼共同开发；当然，考虑到我们两个人相距 1000 英里，因此，让我们同时出现在面授课堂上，显然是不可能的事情。但是，创造一套可长期重复利用的网络版教材的愿望，为我们的合作提供了充分理由。这在机器学习等教育需求旺盛的领域尤为重要，即使是在更传统的学科领域，这种做法同样不乏借鉴意义，这也是我们随后将要讨论的话题。

不过，仅仅根据这里所介绍的内容，我们至少就会想到两种针对这种方法的质疑。首先是针对我们对技术的乐观态度的质疑：创建这样的录像资料似乎是手到擒来的事情，但实则不然，它需要对室内的基础设施进行大量投资，而且要通过后期工作才能把这些现场录制资料转换为可观看的视频。对于这样的质疑，我们的观点是：这样的资源并不稀缺，而且在现实中也不是实现目标所必需的；它们需要渐进改善，但并非不可缺少的基本前提。对此，我们将在第六章再做深入探讨，届时，我们将会看到实施分布式课堂所需要的诸多实际环节。

第二种反对声音针对我们所描述的机制。根据在线教育的定义，这种录制方法通常被称为演讲捕获：首先，现场演讲是真实的，我们只是通过相关设备捕获现场演讲的过程。但我们倾向于把这种方法称为"课堂捕获"，因为被捕获的课堂体验，并不只有教师的演讲内容。在哈佛大学开设的"美国诗歌"MOOC系列网课中（遗憾的是，目前已无法找到该课程的网络资源），课堂捕获技术被用于捕获学生在课堂上进行的讨论。还可以使用类似机制捕获课堂体验中的教学内容，让学生独立或以团队方式在解决问题及参与小组讨论之间快速切换。一旦实现分布，即可由专职主持人确保这些课堂体验实现完整再现。

总体而言，这种机制的目标，就是捕获正在发生的课堂环节，而不管这个环节的内容是什么。但人们通常认为，这种方法不及在线采用的定制性新内容。课堂捕获的对象并不是我们在在线计算机科学硕士学位课程中要达到的效果，毕竟，定制生成内容所带来的高质量在线体验，也是我们最引以为荣的成果。读者可在我们的课程网站上观看全部课程的视频资料，这些资料对公众免费开放。同样，尽管存在例外情况，但大多数MOOC不会采用课堂捕获技术。

但事实是，即便如此，我们仍有可能在总体上低估课堂捕获的价值。我们认为，这项技术在很多领域的实施效果还不尽如人意——音频信号音量不足，且难以分辨，视频图像存在明显颗粒，存在长时间的静默，等等。这些问题的存在，让我们普遍认为，实施效果不佳就意味着缺乏前景。但我们也看到了好的范例：我们曾在第四章提到哥伦比亚大学开设的"内战与重建"

系列在线课程。该课程也是在课堂上录制生成的，但演示质量完胜我们的全部 MOOC 课程。

这个想法与相关研究的结论并不冲突。有研究发现，"在针对 MOOC 编辑的视频中，即便是再高质量的预先录制课堂讲座，也会显得乏善可陈，毫无吸引力"，于是，研究人员据此认为，"如果教师坚持录制课程讲授过程，那么，在开发课程时，我们就应随时把 MOOC 格式铭记在心"。由此可见，虽然这种模式确实有发展潜力，但必须采取积极、谨慎的设计方式。在"内战与重建"系列网课中，课堂录制的影片均为精心拍摄，并进行了有针对性的剪切和分割，并最后专门为在线观众拍摄了一段简短的定制视频。

因此，我们认为，作为一种开发可分布教材的手段，课堂捕获拥有巨大潜力，而且实现这些潜力所需要的步骤也不烦琐。我们将在第六章中继续探讨这个观点的下一部分：尽管课堂捕获存在基本缺陷，但我们还须以辩证的观点看待这种媒介方式的缺陷和优势。首先，针对 MOOC 及其他预录制在线课程普遍存在的批评：内容有可能会随着时间的流逝而陈旧过时，尤其是在快速变化的学科中，这种风险尤为明显。但是，考虑到定制课程材料需要投入较高的制作成本——定制一门课程材料的开发成本估计在 29000 美元到 325000 美元之间，具体取决于具体的课程及分析，因此，这种质疑也就有了新的含义。也就是说，只有内容可长期重复使用，为此投入的高昂费用才是合理的。但实时授课的课堂绝不存在这种内容过时陈旧的情况：每个学期，都会有一位教师重复讲授这些内容。在内容以异步方式生成时，教师就必须做出选择：是重复使用原有的旧视频（这当然无须投入大量工作），还是录制新的视频（这需要他们重新投入大量工作）。在进行现场授课时，教师还必须选择，是直接播放展示原有内容，还是在展现之前对内容进行适当更新。但无论采取哪种方式，讲师都是在重复演示这些内容，这意味着，两种方式都需要投入大量工作。此外还有更明显的即时性压力，也就是说，学生会对最新演示的材料提出问题，而对较早拍摄的视频可能视而不见。如果随后再以这些捕获的讲座为基础，开发新的课程分布式版本，那么，只要实时课程还在继续，分布式课堂的内容自然会同步更新，因而无须投入过多的额外工作。

其次，作为 MOOC 替代方案的分布式课堂，其基本目标就是把课堂体验的要素重新导入为课堂提供支持的核心材料中。在专门拍摄用于异步授课的视频时，我们通常不会随时安排课堂讨论或小组讨论的时间，这些活动通常转移到课程论坛，或是与其他活动并行开展。在捕获课堂演讲时，我们的目标是捕获可与同步学生群组和异步学生群组共同分享的课堂版本——对于前者，他们可在异地获取这些视频，而对后者，他们将使用这些演示资料构建自己的课堂，从而在类似真实课堂的环境下进行学习。因此，课堂捕获保留了一种兼顾两种课堂参与的结构。

最后，作为分布式课堂设计的一部分，我们还须关注与原始课堂环境的同步性。通过现场直播，可以在某种程度上获得亲身上课的感受——既可以向现场讲师发送问题（最可行的渠道就是通过担任出主持人的助教），也可以参加讲师可以观察到的现场活动。尽管捕获本身仅在直播时才是必要的，但是从定义上说，这种实时互动确实需要课堂"捕获"。不过，如果已通过数字化方式捕获课堂过程，并将捕获内容用于直播，那么，在未来重复使用这些内容时，当然就是不费吹灰之力的简单步骤了。

需要提醒的是，我们并不是说，课堂捕获优于按自定义模式录制的教材。毕竟，确定最佳录制方法的标准是非常复杂的，可能涉及很多变量。举例来说，大卫本人在面授方面始终感到压力巨大。他喜欢使用摄像机，因此，在经过了 8 次尝试之后，他才最终确定满足的版本。另一方面，查尔斯则善于现场授课。他在在线计算机科学硕士学位课程项目中开设了两门课程："CS7641：机器学习"和"CS7642：强化学习"，期间，他始终与迈克尔·利特曼合作授课，由于两个人轮流授课，因此，这就在很多方面重新营造出

"现场观众"的活力。我们发现，很多教师都在说，对着摄像机讲课既感到压抑，又没有成就感。此外，还要考虑资源的限制，如果缺少高成本定制性开发所需要的资源，课堂捕获总比什么都没有好一点吧？因此，我们的观点是，如果没有进行定制课堂设计所需的资源，使得分布式课堂唯有通过课堂捕获才能实施，那么，分布式课堂就是可行的。实际上，课堂捕获完全可以满足我们的要求，而且在某些方面有可能做得更好，尤其是缺少资源的条件下。

即便如此，但对于分布式课堂其他方面的设计，上述观点未必适用。但如果认为唯有高质量定制教材才能满足设计要求，那就只好另当别论了。对于 SC 课堂，可以把这种定制教材用作翻转课堂的基础，这样，学生就可以根据课前观看视频获得的知识，亲身参与课堂活动。然后，根据相同的预录制视频，在专职助教的引导下，分布在各地的每个学生群组均可同步参与这些活动。尽管分布式课堂对课堂捕获不存在任何依赖性，但课堂捕获确实为构建分布式课堂提供了最便捷、最直接的方法。既然讲座已经完成，为什么不捕获并充分利用现有资源呢？

因此，为深入探索这个话题，我们将杜鲁夫讲授的"CS4643：深度学习"课程拍成视频。现在，我们该如何操作呢？

与原始课堂保持同步

我们首先停留在矩阵中被标示为"同步"的一行，并同时为亚特兰大以外校区的学生提供教学支持。首先，针对 SC° 单元格对应的课堂，我们首先自然而然地会想到一个单独的校园，但在此之前，我们或许可以从更接近学生住所的地点出发。此时，我们很容易会想到前面提到的 CS4643 课程。我们如何把这门课程提供给更多的在校生呢？目前唯一可行的机制就是开设两节课：这就要求杜鲁夫每天两次上同一堂课（或是要求我们为这个班级再找一名替代教师）。为什么要开设两节课呢？因为在通常情况下，演讲厅最多只能容纳300 人。但不妨这样考虑：课程内容可能是相同的，课程作业也可能一样，因此，可以由同一组评分者按相同评分标准，对学生的成绩进行评分，依此类推。第二堂课可以在同一时间安排在不同的课堂。在第二个课堂上，由一位专职配备的助教安排讲座的现场直播，收集和整理学生的提问，并转交给杜鲁夫，在适当的时点，还可以组织这个课堂的学生进行小规模讨论。之后，这些学生还将取得更多校园资源的使用权，譬如，在现场答疑时间拜访教师。这些措施最终达到的效果是：在佐治亚理工学院的亚特兰大分校，只要还有更多学生想参加 CS4643 课程，而且学校能配备执行这些任务（作业评分、解答论坛上的问题、答疑时间等）的助教，那么，CS4643 课程的听课学生就可以实现同比增加。因此，这是一门属于 SC° 单元格的课程：学生与所在群体集中到同一地点，与原始班级进行同步学习。

我们可以把这种安排轻而易举地扩展到另一个校园。如前所述，深度学习已成为当下需求最大的学科。因此，在佐治亚理工学院的法国洛林校区，要找到专职讲师讲授 CS4643 课程确实很困难。在这种情况下，当亚特兰大的学生群组在每周二和周四上午 9 点半集中上课时，洛林的学生完全可在当地时间下午 3 点半集中在本地课堂。和他们同时进入课堂的，还有这门课的助教，他需要对课程内容有足够了解，因而可以解答课程的基本问题，并收集学生提出的深层次问题，转由杜鲁夫解答。通过安装在课堂上的大屏幕，他们可以直接观看在亚特兰大课堂上正在进行的实时直播。当亚特兰大课堂进入集体讨论时，洛林课堂的学生也同步开始讨论。当教师要求亚特兰大课堂的学生独立回答问题时，洛林课堂上的学生也开始独立思考这些问题。随着课程的进行，洛林课堂的学生向本地助教提出问题，助教可以直接回答这些问题，也可以通过适当安排，将问题转交给身在亚特兰大课堂上的杜鲁夫。实际上，这种模式也是一种 SC° 形态的课堂，只不过身处同地的这个学生群组与原始课堂在空间上相距甚远。

如上所述，这种现场参与带来的价值在于，在杜鲁夫授课的过程中，学生可以获得与杜鲁夫进行直接沟通的途径。异地学生提出的问题被实时转发给杜鲁夫，后者通过同时面对两个校区的视频解答这些问题。如果授课过程出现需要学生参与的环节——譬如完成选择性问题，要求学生对课堂调查进行现场回复，那么，位于洛林校区的远程学生群组也可以参与这些活动。通过这种无间隙的设计和拖动式复制，使得同伴教学技术（peer instruction）在线上教学中更好地发挥作用。在前述密涅瓦计划的界面中，就包含快速创建小规模学生小组以实现同伴教学、同伴审查和小组工作等特殊功能。在总体上，这套方法远比课堂捕获更简单：演讲本身被现场直播，这就摆脱了对编辑水平的依赖，但由于占用的是同步时间，因而会增加技术层面的工作压力，但这种投入显然是值得的。

这种安排适用于在佐治亚理工学院亚特兰大和洛林两地校区攻读学分的学生。但很多对这门课程感兴趣的学生可能不在这两个校区居住。在我们介绍的案例中，这种情况不难设想：如前所述，CS7641课程的在线版本每学期都会吸引数百名学生注册，而CS7643课程（相当于研究生层面的CS4643课程）则是多年来始终受学生推崇的一门课。实际上，利用亚特兰大课堂对洛林课堂进行直播的技术设施，可以轻而易举地向分布在世界各地的学员进行课堂直播。也就是说，生活在南非的学生可以同时登录网络，并在家中观看课堂直播视频，而不必到法国洛林校区的实体课堂去上课。然后，这个以远程方式学习的群体可以集中到一个常规的电话会议室。在这里，他们可以相互聊天，并与专职配备的在线教学助手（这些助手本人可能分布在世界各地）进行交流。和居住在洛林校区的本地助教一样，这个位于南非的在线助教也会回答一些问题，并通过适当安排，将自己无法解答的问题转交杜鲁夫，并由后者在讲座中安排时间予以回答。和我们现有的班级一样，如果有成百上千的学生对这种参与方式感兴趣，那么，就可以把他们分成若干个班级，并为每个班级配备专职助教，在问答问题、协调小组讨论和执行其他课堂职责等方面提供支持。实际上，这是典型的 SR 模式学生群组：学生以纯远程方式进行同步学习。

但是在这同步课堂时间之外，可以把所有这些学生视为一个大的学生群组。我们已在在线计算机科学硕士学位课程中采取了这种方式——我们以课堂中的部分学生为对象，并把几百名学生组合为一个独立的部分，纳入我们的学习管理系统，建立一个单独的课程论坛，以此类推，从而让这个小组构成一个完整的学生群组。增加一个位于某地的大规模学生群组并不影响这种设计方案本身的功能，因为学习管理系统的功能与具体位置无关。按这种模式，无论是提交作业、取得成绩和反馈或是在论坛上提出和解答问题，都不需要学生进入校园。当然，这同样需要一个规模庞大的助教团队（他们本人可能分布在世界各地），他们通过相互合作，为分布式课堂的全体学员提供教学支持。甚至考试也可以通过学习管理系统实现远程提交，并通过在线监考功能确保考试的公正性。这不仅可以让全部课程的考评覆盖这些远程学生，还可以减少同步上课时间，从而把这些宝贵的时间用于更有价值的活动。

对我们而言，这一切说起来当然很容易：作为在线课程不可或缺的一部分，我们拥有的基础设施足以接受世界各地学生的选课申请，接纳那些不愿进入校园参加面授学习的学员。但对其他学校，一方面，接受学生在学习期间可以远离实体校园，这样的想法或许不合常理，以至于根本就不会形成，更不用说去兑现这种想法。另一方面，即使已经存在这样的基础架构，但大多处于分散状态。在很多学校，远程教学部门的运作在很大程度上独立于校内课程，这种模式基本还停留于学校品牌的宣传，而不是追求学生人数的增加。因此，在分布式课堂这个概念中，最核心的价值体现为，被分布对象应该是学生无法通过其他途径取得的校园体验。这意味着，必须对远程学习与校内学习进行无缝整合。

这种方法的优势是巨大的，而且某些优势显而易见：让更多学生以全方位的方式完成课程——不只是被动性地远程观看，还可以主动参与、完成评分、获得成绩并获得学分。扩大规模经济有助于降低入学成本，从而进一步为更多的潜在学员提供入学机会。我们将在第七章深入探讨这些优势，但无论如何都不容小觑的是，这种安排给那些将以任何方式注册上课的学生带来的好处。按正常安排，对于在亚特兰大校区课堂内上课的 300 多名学生，他们是一个相对同质的学生群组：大多数校内硕士研究生还需一两年的学习才能取得本科学位，因此，他们的专业经验是有限的。在分布式安排下，这些学生将被划分到论坛和课堂中，因此，在这样的班级中，学生的专业背景参差不齐。有些学员本身是这个领域的专业人员，他们希望借此提高和升级自己的技能；有些是来自其他领域的专业人员，他们正在寻求职业转型，或是希望在简历中添加计算机科学方面的专长；有些则是业余爱好者或企业家，他们希望借此获得有助于事业提升的知识。现在，这些人共同参与到论坛讨论中，提出问题并解答问题，并致力于改善每个人的课堂体验。就像我们之前提到的那样，这种在线环境让学生有更多机会去接触并影响他们的同学。

这同样不是假设，也不是推测，而是我们通过在线计算机科学硕士学位课程项目所能实现的主要优势之一。处于职业生涯不同阶段的个体，走进同一个课堂，并长时间（以直接或远程方式）在一起学习。一位学生曾把这个过程形容为一次出人意料的长达 17 周的工作面试，在结业时，他在一位同学的公司获得工作机会，原因就是这个同学亲身体会到他在整个学期中给予自己的帮助。在"CS7637：基于知识的人工智能"（由阿绍克·高尔与大卫共同开发，目前由大卫本人讲授）课程中，我们经常讨论 IBM 为企业提供的人工智能平台——Watson。在我们讲授这门课的第一学期，我们惊讶地发现，班上的一名学生居然就是 Watson 研究团队的成员。他把自己的专业知识带到这个学期的课堂讨论中，由于这个过程在平台上完全以异步文本形式出现，因而成为可持续使用的资源。这些轶事只是肤浅的现象：在我们的"教育技术"课堂上,我们的教师(或教师配偶)会开展同行反馈;在"人机交互"课程中,来自社交媒体企业的员工会参与我们的道德讨论;在我们的"针对交易的机器学习"课程中,财务经理和会计师开始尝试职业进阶,向计算机解决问题领域转型。这些都是我们永远无法有机结合到传统课程中的技能和观点。在对课程进行分布之后,学生的参与会更容易。当学生能轻而易举地访问这些资源并参与课程学习时,就会吸引更专业、更多样的学生群组,从而改善每个人的学习体验。

从权衡的视角看,必须学会随时停下来,思考这些设计要求学生做的事情,以及是否需要学习者在其他方面做出牺牲。按这些同步设计方案,学生须在预先确定的时间进入课堂。这就会把部分无法抽出时间的在职学生拒之门外。但我们可以创造条件,让他们参与 S^cC^c、S^cR 或 AR 等某种衍生学习模式(而且最重要的是,这些模式丝毫不影响对相同共享论坛或评分人等课堂要素的使用)。不过,我们当然希望学生接受学分制教育的其余结构:完成项目、参加考试以及获得成绩等。这就要求学生事先具备一定的知识基础,并要求他们投入必要的时间,也就是说:你必须在基础知识上具备参加课程的资格,而且必须投入完成课程所需的工作量。这显然并非微不足道的要求;或者说,这些课程确实有一定难度。在查尔斯讲授的 CS7641 课程中,学生预计每周须抽出 21 个小时的学习时间。

但他们必须满足这些要求吗?校内课程通常会有"旁听"课的概念,即,学生可以报名参加课程学习,但无须完成课程作业,也不会取得成绩。按照我们的感受,这种方法很少用于面对面的教学,因为它仍需学生投入巨大精力,必须在特定时间参加面授课程。我们发现,在注册校内其他班级的学生中,这种方法的使用最常见;由于未必能取得课程学分,因此,对尚未进入校园就读的潜在学生而言,这种课程自然没有什么吸引力。但线上课程的情况就不同了:课堂内容已针对现场直播进行了相应设置,因此,互联网上的每个人似乎都已经身在"校园"。那么，是否有理由把课程仅限制于那些为获得学分而注册的学生呢？很多学生并不要求访问学习管理系统，而且很可能不会与追求学分的学生共处一个论坛，而且由于没有缴纳任何学费，他们也不会得到专职助教的支持。但是在这种设计模式下，把学习内容公开发布给现场 SR 学员或许只是小事一桩。尽管这一点和 MOOC 非常相似（甚至无法区分），但只需很有限的成本，即可达到现有 MOOC 规模所需要的大多数基本要素。这就为扩大教学范围和访问规模开辟了一条全新路径。

因此，当我们在亚特兰大进行一场现场演讲时，就可以向佐治亚理工学院洛林校区的课堂（可能还有本地的其他学生群组）以及距离更远的分散学生进行联播，从而让所有学生实现同步学习。我们已经把课堂分布到分布式课堂矩阵的第一行：学生本身的位置已不再是决定他们能否参与课程的要素。那么时间呢？

学生群组的同步性

假设现在是亚特兰大的上午 11 点。当天的 CS4643 课程刚刚结束。通过课堂捕获，生成了杜鲁夫课程演示文稿的视频记录，包括记录屏幕演示内容的视频、杜鲁夫的演讲音频甚至是课堂中出现的其他音频。根据演示文稿的不同，可能需要对这些资料进行一些编辑：比如说，在录制开始时的几分钟里，是学生进入教室就座的时间，因此，可以在记录中删除这些部分。小组讨论部分同样可以删除，这样，我们可以在课程的分布式版本中设置暂停时间，允许远程学生进行类似的讨论。有些学生不希望在视频资料中出现自己的声音，那么，还需要在录音中删除他们的提问。通过这些编辑，既可以满足这些学生关注的隐私问题，又能维持课程的分布性特征。但最重要的是，这些工作所涉及的编辑任务不会特别繁重，只涉及少数片段的删减。对于某些授课内容，捕获结果本身甚至即可满足要求。

与此同时，在位于地球另一侧的佐治亚理工学院深圳校区，当地时间约为晚上9点半，学生可能正在准备上床休息（但更有可能的情况是，他们还在学习佐治亚理工学院开设的其他课程）。第二天早上，他们从睡梦中醒来，走进课堂。他们的本地助教已经在前一天观看了亚特兰大的现场授课视频。在录制课程出现暂停，为小组作业或小组讨论留出空档时，助教可以暂停视频的播放，并在课堂上要求学生进行相同的活动。如果学生提出问题，助教也会暂停视频，并实时回答他们的问题，如果助教认为有必要由杜鲁夫直接答复，可以把问题提交给杜鲁夫，或是指导学生在课程论坛上分享这些问题。这是典型的 S^cC^c 课堂形式：学生与所在学习群组处于同一地点，并进行同步学习，但相对原始课堂而言，仍具有异步和远程的特征。

与此同时（美国亚特兰大的晚上9点半），来自美国各地的一群在线计算机科学硕士学位课程的学生已完成作业，开始带孩子上床睡觉。由于工作或家庭方面的原因，这些学生无法在上午同步参与远程课堂，因此，他们建立了自己的学习群组，在晚上以同步方式集中学习。通过电话会议，他们和自己的专职助教一同观看录制的课程。他们会在聊天框中提出问题，或是暂停课程播放，进行实时提问。助教可以回答部分问题，并把其他问题提交给杜鲁夫或课堂论坛。这些学生同样也要参加讨论。这是典型的 S^cR 课堂：这些学生和他们所在的群体进行同步学习，但他们身处各自的卧室或家庭办公室，因而属于远程学习状态。

在这些情景下，深圳的异地学生和这些美国学生的体验非常类似于同步学生。对深圳的学生而言，唯一损失的要素就是他们无法直接影响演讲的内容：他们不能在现场镜头前向杜鲁夫提题，也不能和原始群体共同参与课堂调查或是参与其他班级的集体活动，但他们可以和自己的同学进行讨论，或是开展其他班级集体活动。他们的收获是在群体听课体验方面拥有更大的灵活性和控制性，比如说，他们可以暂停录制课程的播放，大声提问，或是自行确定小组讨论的持续时间。在这种情况下，专职助教享有更大的自由度，他们可以根据具体情况，自由选取播放内容的哪些部分，比如说，如果该群体对医疗保健的机器学习特别感兴趣，那么，专职助教就可以针对这些示例开展讨论。通常情况下，这些学生也会通过异步机制联系教师及其他同学。

这个看似无关紧要的示例其实意义重大。按传统方式，班级群体的创建主要依赖于共享可用性（shared availability）：在星期二的上午9点半，所有来到亚特兰大课堂进行集中学习的人，都是希望参加面授课程并选择注册听课的人，他们对机器学习感兴趣，而且能在特定的时间和地点进入课堂。按照这些约束，实际上已对学生进行了足够详细的切分，因此，进一步细分可能已不再可行。然而，在打破时间限制之后，我们就可以进行更细致的划分和剪裁。CS7641在线课程每学期招收600名学生，而CS7643在线课程的注册人数很容易就能达到这个数字。可以想象，把这600名学生分成20个由30名学生构成的小班级，每个班级每周在亚特兰大的课堂上集中学习两次，每次90分钟。尽管每个班级的注册人数取决于当时可上课的学生总数，但是从学生角度看，他们有更多的班级可供选择。很多学生的时间安排可能适合于参加多个班级，在这种情况下，通过合理的作业安排，即可有针对性地按兴趣点或观点对学生进行匹配。与同步班级一样，这些异步班级也能继续参与相同的课程论坛，完成相同的考试，并由相同的助教进行评分。尽管这些班级相对原始课程而言具有异步性，但它们在学期内采用的是完全相同的课程时间表。因此，这当然让他们有资格获得相同的课程学分。

不过，正如我们在上一节提到的同步性"旁听"学生，在这里，我们或许还要考虑另一种折中方案。可以把这些录制资料用于其他目的，这样的示例并不少见。在工作场所，可以利用这些视频资料开设培训课程，在这种场合下，学习的目的是把这些知识用到自己的工作中，而不是考试。有些大学无法聘请自己的教师讲授某一门学科，因此，利用这些课程内容和考试资料，他们可以开设自己的学分课。尽管需要聘请助教，但这些助教无须独立设计和执行整个课程的任务（我们将在第六章讨论助教从事这项任务的可行性）。对低年级学生（如大学预科生）可能用到的课程内容，高中学校可以使用这些录制材料为基础，独立开设相应的课程，并进行单独考试。

实际上，这些做法已经成为现实；我们经常收到教师发来的电子邮件，向我们询问：他们是否可以在自己的课程中，以我们的免费 MOOC 教材作为他们的"教科书"。他们在 MOOC 模式中为学生布置作业，并以学生在 MOOC 课程中取得的成绩作为学生最终课程成绩的一部分。尤其值得关注的是，这些现象完全是我们看不到的：我们之所以知道这些情况的存在，完全是因为部分教师在发给我们的电子邮件中告知，他们正在使用我们的资料，但我们并未要求他们发出声明。毫无疑问，还有很多教师也在使用这些材料，为他们现有的课堂内容提供支持，实际上，斯坦福大学的"CS Bridge"项目早已被全球各地的教师所采纳。很多班级已在使用麻省理工学院的开放课件（MIT OpenCourseware）和可汗学院的资源库，这不仅是为了补充现有资料，也可能为他们的课程设计奠定了基础。开放教育资源（OER）运动的兴起，进一步推广了这些应用示例的普及，让一个地点开发的资料重复运用于其他地点的类似场合（比如说，一所大学使用另一所大学设计的内容），甚至用于完全不同的环境（譬如围绕新生课程内容而构建的夏令营）。在新冠肺炎疫情暴发之后，Coursera 和 edX 均对自己的课程进行了标准化改造，便于教师更轻松地利用庞大的 MOOC 数据量：Coursera for Campus 和 edX Online Campus 的投入使用，就是针对不熟悉在线教学的教师，方便他们在现有的高质量在线内容中进行选择，为他们新开设的远程课程奠定基础。Coursera 甚至授权发行了一款名为 CourseMatch 的工具，旨在"采集学校的校内课程目录，并将每一门课程与 Coursera 所属 3800 门课程目录中最相关的课程进行匹配"。

这些方法的实用价值是显而易见的。随后，我们需要对这些方法进行针对性的细节设计。其中这就包括将它们进一步纳入到原始课程体验中——譬如，从最初招收远程学生，到推动本地学习群组的创建，以及通过内容打包实现向其他教学环境的分布。

异步模式的各种形式

最后，所有这些努力都会自然而然地转入分布式课堂矩阵的最后一个单元格，AR 单元格。无论是面授课程，还是在线课程，均通过同步群体与教学材料实现互动，并最终取得相应的教学效果和社会效益，但是，总还会有一些人无法参与这种互动。有些人的日程安排可能过于灵活且难以预测，以至于无法按时参加学习。有些人的学习进度可能太慢，以至于群体无法对他们给予相应支持，譬如英语为非第一语言的学生。有些人可能无法找到组成一个学习群组所需要的足够同学。至于对机器学习感兴趣并以此为爱好的高中生，他们更是很难找到具备相近水平的志同道合者，但出于自己的好奇心，他们仍渴望学习这门课程。

不过，在达到这个级别之前的所有步骤，均以某种形式为异步远程学习者提供便利。因此，我们没有理由把任何学生拒之于已生成内容的大门之外。这就是我们有时提到的"补贴性"在线教育模式：为获得硕士学位所需要的学分，学生须缴纳学费，注册参加我们开设的在线计算机科学硕士学位课程，而他们支付的学费则被用于开发内容；在开发完成之后，我们即可在无须任何额外投入的情况下，向其他学生提供这些材料。利用现有互联网对视频流提供支持，直接成本非常有限，而且完全可以认为不存在任何机会成本。我们认为，如果不能免费提供视频资料，就不会有学生愿意为课程支付学费。

和其他类型课堂一样，AR 课堂采取的形式同样代表了多方面的折中与权衡。我们的在线计算机科学硕士学位课程完全按纯 AR 形式开设；对希望获得课程学分且能在整个学期按时间表上课的学生，可以把他们编入其他有相同学习管理系统、学习论坛和指导团队的班级。此外，还可以把这种材料作为开设 MOOC 课程的基础。通过简单实用的自动评分考试，可以让学习者完成某些正规版本并提供学业证书的学位课程（如 MOOC 学位），尽管结业证书本身不等于课程学分，但可以通过某种方式实现共享并取得认证。此外，还可以通过专用开放网站直接获取免费提供的内容，譬如麻省理工学院的开放课件。尽管这些产品都是按已完成工作创建的简化版，但无一不会吸引新的用户。

此外，这些措施有助于之前提到的所有所生。在线学习中最受欢迎的一个特征就是它可以让学生反复观看相同内容，而且录制资料会剔除无效内容。这个简单的调整在实务中意义深远：在生病的情况下，不再需要学生为追赶课程进度，加班加点地阅读教科书；如果家庭出现意外，学生不必在应付其他事情的同时，还要关注课堂内容；对有额外资源需求的学生，可按照《全方位学习设计》（*Universal Design for Learning*）倡导的原则，以更一贯、更有针对性的方式满足他们的要求。归根到底，对所有学习者而言，始终确保资料的开放性都是一种福音。

分布式课堂矩阵的对称性

简要总结一下迄今为止所描述的各种学习流程。我们首先提到的，是最普通的同步同地（SC）课堂体验，实际上，这种体验每天都在世界各地的无数学校中出现，而且已经被重复了数千次。只要有可能的话，我们就会尽量与教师的活动保持同步，以最大程度减少在时间和空间上实现分布式课堂所需要的工作。

从这里出发，我们开始捕获教师的授课过程，并对分布在世界各地的同步课堂（SCᶜ课堂）进行直播，每个课堂均配备各自的专职助教，协调和推动这个课堂的学生互动。对无法集中到实体课堂的学生来说，他们可以聚集在共享的虚拟空间（SR 课堂），这样，他们依旧可以和同学及助教进行互动。这就让课堂体验实现了空间上的分布。但这并不等于说，最初课堂的教师无须投入任何额外工作，毕竟，他们可以采取某些步骤，让面授演示的体验更适合于实现这种同步分布，这些步骤显然还需要额外工作。但归根到底，这里所需要的工作量，远远低于针对整套课程开发自定义视频所需要的投入。比如说，在课程开始时，教师可以简单地致欢迎词，并在整个课程期间定期对学生的参与表示感谢，这会让他们的感受更亲切。尽管这不会明显增加教师的工作量，但却有可能带来非常积极的影响。因此，通过这些措施，至少在技术和教学层面上，教师可以在全球范围内创建一个同步学生课堂，而无须马上考虑招聘教师的问题。

随后，来自世界各地的学生群组可以集中到自己的课堂——既可以是大家共同集中到一起的同地实体课堂（如 S^cC^c 课堂），也可能是电话会议形式的独立模拟课堂（如 S^cR 模式所对应的课堂）。他们与所在的学生群组共同温习之前录制的课程。在录制的讲座中，为这些学生群组提供了充分的自由互动时间，比如说，让他们暂时停止观看视频，独立开展小组讨论、解决问题或是向助教提问，从而保留更多的课堂感受和体验。因此，与其他学生和助教进行同步沟通也是分布式课堂基本结构中的一部分，而且应尽可能地保留下来。

最后，某些学生无法始终按课程时间表上课，他们的日程安排可能不固定，或是某个学生群组不能在规定时间进入视频课堂。对这些学生而言，他们可以继续以异步方式参与学习，各自观看课程内容。尽管他们无法获得同步互动的好处，但即使没有这些同步互动，也不至于把他们完全排除到课堂之外。

与此同时，处于这些不同情境中的所有学生，都可以被纳入同一个学习管理系统，完成相同的作业，在相同的论坛上提问，在相同的异步地点进行互动，通过相同的助教获得考试成绩和反馈，并针对相同的学位得到同样的课程学分。在这种情况下，就可能需要根据具体学生群组的同步性和同地性程度，对个别学生学习体验的性质进行适当折中，但仍可以采用完全相同的考试方式。因此，可通过进一步措施，对课程内容进行有针对性的调整，使之既适合那些对正式学分和考试不感兴趣的学生，也适用于希望适当调整内容以满足不同需求的组织。

学生的对称性

在上述描述中，我们通常会假设，学生选择一个班级，并始终在这个班级上课。但是在很多情况下，学生可能需要在不同单元格之间切换。比如说，某个学生在一般情况下是 SR 课堂中的成员，但是在课程期间，他可能需要因公出差一周的时间。因此，在这一周，他可以观看 AR 形式的视频课。再看看另一种情况，一位学生可能会发现，某个 S^cR 学习群组参加的课程恰恰是他最感兴趣的话题（如针对教育数据的机器学习），于是，他可能会从原来的 SC 课堂转到这个 S^cR 班级，以便参与这个班级的讨论。当一名海外学生的出国签证被延迟批准时，他可以按 SR 学生的身份上课，在签证问题解决后，他再以 SR 身份的学生转入 SC 课堂。如果学生生病、遭遇家庭紧急事件或是其他因素而对学习互动造成重大干扰，那么，他就有可能面对暂时性过渡，选择矩阵中的另一个单元格作为替代方案，这样，在原木只能选择退出、不及格或是需要教职人员做出重大调整的情况下，他们会找到另一条能继续学习的过渡途径。

这就出现了我们所说的"对称性"（symmetry）观点。根据具体的使用环境，我们很容易从两个角度给出对称性的定义。其中，最自然、最直接的定义，就是把对称性归集为在矩阵的不同单元格取得等价的体验：对亲身参加课程学习的学生来说，尽管可能与身处世界另一个地点的某个学生群组遥不可及，但只要他们采取同步学习方式，就会得到完全相同的体验。但这种情况并不是我们所说的对称性。我们认为，矩阵中的每个单元格都有各自的具体优势。譬如说，我们可以充分利用 S^cR 单元格的优势创建学生群组，为他们提供无法在 SC 单元格实现的主题课程。尽管这会导致两个课堂的体验有所不同，但由于每个课堂都充分利用各自所能提供的机会，因而可以为学生创造更有针对性的体验。

相反，我们还可以从不同单元格所能提供的学位或学分类型出发，对对称性进行定义。在分布式课堂中，如果相同课程基于不同单元格的两个版本均能带来相同学分，那么，按照我们的定义，就可以认为，这两个版本的课程是对称的。这基本符合前述分布式课堂的基本原则：把参与各版本课堂的全部学生分配到同一个异步场合中，让他们完成相同的考试，并由相同的评分者打分，从而验证所有版本在学分上的对称性。

但对称的重要性更多地体现为学生可选择范围的灵活性。如果分布式课堂在这些单元格之间是对称的，这就可以说明，学生可在矩阵的现有单元格之间进行自由转换，而不会影响他们在课程中的最终成绩。如果学生能在各单元格之间自由切换，而且不会影响他们是否能完成项目、获得成绩和反馈、在课程论坛上进行互动并最终获得课程学分，那么，我们就可以说，这门课程是对称的。当然，即使具有对称性的课程，各自的体验也会有所不同：当一个学生从同步远程课程切换到异步远程课堂时，必然会失去与同学进行实时互动的能力，这就会改变课堂体验。但这些差异未必会影响他们完成课程并获得学分的能力。

这种对称性未必永远适用于矩阵的所有单元格。比如说，如果一门课程须利用实验室的昂贵零部件构建一个实体原型，那么，我们或许就无法在 AR 模式下按相同标准完成这堂课。尽管这堂课仍可以某种方式分布到 AR 单元格，比如前述不提供传统课程学分的 MOOC 及开放式教育资源，但如果进入该单元却得不到相同的学分，那么，我们就不能认为这堂课是对称的。

因此，对称性（同样从学生角度看）为学生提供了更大的灵活性：他们不仅可以独立选择适合自身约束条件的课堂版本，而且随着约束条件的变化，他们还可以在这些版本之间进行主动切换，因为与这些版本所关联的最终学分是相同的。

教师的对称性

但这种对称性还可以采用另一种形式，而且也是被我们视为一种功能更强大的形式。我们曾在上一节指出，在维持对称性的前提下，个别学生可以自由地在矩阵中各单元格之间进行切换，但教师是否享有这种自由呢？按相当于原始群体及原始课程的关系，我们可以按多种方式对分布式课堂矩阵做出定义。如果一名学生的上课地点并不是教师的原始授课地点，那么，他就是在进行某种程度的远程学习。如果一名学生没有在教师实时授课的时间观看课程录像，那么，他就是在进行某种程度的异步学习。学生可以在各种分布式课堂之间实现转换。但教师也可以这样做吗？

在某种意义上，教师显然是无法这样自由切换的。在教师授课时，如果学生并没有在上课，那么，他们之间就是异步的。如果学生在教师授课时并没有和教师身处同一地点，那么，这个学生就是在进行远程学习。另一方面，教师却不可能呈现出相对于自身的远程或异步特征。但以上示例均假设，学生可以根据自身制约条件的变化主动选择在矩阵各单元格之间实现转换。那么，学生是否可以根据教师自身制约条件的变化，在矩阵各单元格之间实现切换呢？我们看到，在某些方面，这种动态已在2020年秋季有所呈现：即使是SC班级也需要考虑各种应急计划，以便根据当地疫情的变化迅速调整到SR或AR单元。但是，强化教师的对称性显然还有更多、更积极的理由。

例如，佐治亚理工学院不仅在法国洛林和中国深圳设有海外校区，还创建了其他几个海外留学计划。他们已开始定期向海外校区派驻教职员，对这些校区的学生开展教学。按照分布式课堂的安排，这些课程完全可以采取分布式版本，在各大校园中同时进行授课，之前，我们已经介绍了假设的CS4643课程。根据在亚特兰大开设这门课的经验，我们假设为法国洛林和深圳校区也开设了这门课。如果教师要赶到深圳校区，并在随后几周内在当地讲授这门课，结果会怎样呢？在亚特兰大和洛林校区，学生们的体验和表现会基本保持不变，但考虑到教师的行为，他们在矩阵中的位置将转移到 S^cC^c 单元格；与此同时，在深圳校区，尽管那里的学生仍按之前的时间和地点继续上学，但他们在矩阵中的位置会切换到 SC 单元格。这样，教师就无须在整个学期待在海外校区，但仍然可以完成其他校园的教学任务。

我们再看看另一个示例：在整个学期中，教授需要经常出差、参加会议或是开展研究项目，这就可能给面授教学造成很大干扰。此时，通常会由助教接替他们完成这些课程任务，或是聘请客座讲师授课。但是，这些经常面对旅行压力的教授，是否可以预先录制课程视频，并以这些视频资料为基础创建不同版本的课程呢？其实，这恰恰就是前述 CS6750 所采取的方法：2020年秋季，我们以预先录制的课程内容为基础，并按 S^cC^c 单元格的授课模式为深圳课程开发了 CS6750 课程教材。教师的授课过程被预先录制下来——就像他们正在讲授 AR 课程，这样，就可以把以前属于 SC 单元格的课堂重新定位到 S^cC^c 单元格。

有些人可能会说（也包括我们自己在内），客座讲师授课也是强化传统课程的好办法：如果说他们确实是一种宝贵资产，那么，这种机制实际上就为提供这种资产创造了一个渠道。在 2019 年秋季，大卫曾在卡内基－梅隆大学的一堂课上做客座演讲。他并没有亲身出现在卡内基－梅隆大学。钦迈·库尔卡尼（Chinmay Kulkarni）教授通过视频电话联系到大卫，让他的影像出现在课堂的大屏幕上。大卫通过这种方式进行演讲，并现场回答学生们提出的问题。在分布式课堂矩阵中，这种方式属于典型的 SC^c 课堂：在匹兹堡正在进行的授课与客座讲师大卫的演讲同步呈现，而且出现在同一地点。在这个例子中，并不存在为授课而专门构建的 SC 课堂：首先，它是作为一堂 SC^c 课而出现的。这种机制削弱了提供客座演讲所受到的限制，在主讲教师出差时，不必考虑到底能找到哪位代课教师，并进行完全随机性的安排，相反，完全可以聘请到确实希望做这次演讲的人。

当教师在分布式课堂矩阵中进行切换时，我们就会看到其他单元格如何围绕教师实现转换。在学期中间，当教师造访不同海外校区时，他们会发现，随着课程的进行，每一堂课都会呈现出不同的形式：在亚特兰大的校园，首先出现的是 SC 课堂；然后，在教师以同步方式出现在洛林校区的学生面前时，课堂模式过渡为 SC^c 课堂；之后，当教师来到深圳校区，教学模式也随即转换为 S^cC^c 课堂。在旅行过程中，教师有时甚至可以进行远程授课，这就可能导致亚特兰大的班级暂时过渡到 SR 模式。在包括若干 S^cR 群体的高度分布式班级中，教师可以选择每周对不同群体进行演示授课，这就会暂时性地进入 SR 课堂，让每个群体都有更直接的互动。如果教师在下个学期开始休假、出现健康问题或是因其他缘故而无法保证每周授课一次，那么，他就可以使用上学期的资料作为新课程的基础。这样，在原本无法进行的情况下，课程得以在新学期继续开设。

这些形态共同存在于一个大的课程体系中，拥有可共享的考试、论坛和助教，而且都有可能实现进一步拓展。如果以这种课程为本地的高中提供课外辅导，那么，这些学校当然非常欢迎这些教师的偶尔造访。经营性组织在以课程内容作为培训项目的基础时，可以更好地从自身需求出发，设计出更贴合主题的演示，然后，再把它们作为可选内容，整合到其学员的课程中。在学术前沿领域，研究人员可以针对性地录制课堂过程，并把录像用于其他大学的其他课程，借此讲授全新的主题。

在这个过程中，某些措施最初可能超越了分布式课堂矩阵中的任何单元格，但从某些方面看这恰恰也是目标。教师的对称性表明，尽管他们可在不同地点和教学方式之间转换，但依旧可以在总体上保证课程不受影响，尤其是这门课程最终所提供的学分。在这种情况下，我们可以认为，课程已实现了真正的分布，以至于我们甚至无法确定"主题"课堂到底存在于哪个单元格。按这样的观点，无论是对于学生还是教师，当他们在不同单元格之间进行转换时，如果课程本身的价值和体验总体上不受影响，那么，就出现了名副其实的对称性。

分布式教堂

在最初对这本书进行头脑风暴式构思时，大卫始终坚信，我们所描述的很多想法实际上都是再熟悉不过的事情。按照我们最初的设想，有些想法可能平淡无奇，以至于不会引发任何关注。

但是在某个时刻，他突然意识到，这些想法之所以这么熟悉，只是因为他曾在完全不同的场合目睹了这种事情。他目睹了这些事件的发展历程，而这些历程至今仍在延续，当中隐含着形形色色的分布式课堂思想。譬如，针对性地欢迎远程学生，重播整个课堂体验，而不仅仅是授课；在提供某些面授课堂结构的同时，对其他人进行直播，同时接纳同步远程群体和同步远程个人。因此，在结束本章就对称性观点的讨论以及对分布式课堂矩阵的定义之前，我们不妨回顾一个能体现这些思想发展过程的事件：北角社区教堂（North Point Community Church）的发展。

在某些方面，这个例子确实令人费解：教堂当然不是学校，既没有考试或测验，也没有学分或学位。对于一座教堂来说，教民人数增加带来的增量成本非常有限，而到教堂做礼拜无续支付任何成本（当然，教堂会鼓励教民自愿捐款）。但另一方面，两者在很多方面又非常相似。做礼拜（因而会带来捐款）和入学率（因而会带来学费）反映的，都是机构为教民或学生提供他们所需要的东西的能力。如果做礼拜的比例或学生的入学率下降，表明这些机构（教堂或学校）已无法提供教民或学生所需要的体验。如果全部满员

（比如星期日早晨的祈祷或是不得不拒绝合格学生的入学申请者），那么，这就表明如果不改变现状，他们将无法满足全部受众的需求。但是在我看来，最重要的是，北角社区教会的牧师兼负责人安迪·斯坦利（Andy Stanley）更像是教师，而不是传教士。他的布道更像是计算机系教授兰迪·波许（Randy Pausch）讲授的《最后一课》，而非葛培理牧师（Billy Graham）的《耶稣是谁》。

无论是这些相似之处，还是它们的不同之处，我们都觉得这个比喻非常贴切：这些相似点告诉我们，在组织性宗教活动情境下学到的东西，完全可以转移到教育情境中；而它们之间的差异则让我们意识到，宗教领域的这些趋势远比教育更有普遍性。因此，这不仅是教育的发展方式，而且是整个世界的发展路径。

SC式教堂

北角社区教堂创建于 1995 年。最初，它租用了位于亚特兰大西北部科布县科布商业街区的一座礼堂。随后，在每周日的晚上，它开始在亚特兰大东北部的丹伍德（Dunwoody）浸信会教堂集会。最后，在位于亚特兰大市中心以北约 45 分钟路程的阿尔法利塔（Alpharetta），他们购置了一套自有房产。1997 年复活节的那个星期日是一个雨天，在遮雨帐篷下，北角社区教堂在新场地召集了他们的第一次集会。大卫当时只有 10 岁，他很想回家，因为他不太喜欢户外活动（或许你们可能已经猜到，为什么大卫要选择在家远程讲授在线计算机科学）。

但是在开放几年之后，北角社区教堂就遇到了问题，其实，当时的其他教会早已料到这些问题。据 2002 年的一项研究显示，在过去的 7 年中，美国教堂的教民出席率从 49% 下降到 42%，而北角社区教堂每周的礼拜参加人数已增长到超过 4000 人。值得注意的是，按照我们所做的这个类比，从一开始，北角社区教堂的目标就是接受"不能进教堂"的人——即，那些在其他地方无法定期参与教堂活动的教民。和分布式课堂一样，这个教堂的目标是要接受那些尚未被其他教堂接受的人，而不是吸引其他教堂的现有教民。按这个出席率，尽管北角社区教堂只在每周的星期日进行三次礼拜仪式，但教堂仍然爆满。大卫记得，要占一个座位，需要在礼拜开始前45分钟就赶到教堂。

这就出现了一个困境：更多的人希望得到教会无法提供的体验。那么，他们该如何增加服务对象呢？可以提供更多的礼拜仪式——最终，北角社区教堂一度在星期日提供五次礼拜仪式。这就像把一堂课的内容提供给更多班级一样，但这也带来了问题：要在一天内五次提供完全相同的内容，无论是教师，还是牧师，都会感到精疲力尽，当然这还要牵涉更多的成本。一个班级可以由多位讲师授课，但这会带来差异化的体验。但对北角社区教堂而言，这或许是一种无望成功的做法，因为只有安迪的布道才是这所教堂最大的吸引力。因此，唯一的解决方案就是提供数量更多的礼拜仪式，而且每次礼拜仪式都要面向更大规模的教民。

于是，他们进行了一项实验：对在主礼堂进行的布道仪式进行实况直播，但这注定会让这种体验的某些要素受到影响：具体来说，现场表演的现代音乐是北角社区教堂早期的标志性特征之一，而在屏幕上观看托德·菲尔兹（教堂最早的乐队领队之一）的演出显然不同于现场表演。按照我们的类比，这就相当于我们不能在屏幕上看到的课堂元素。观看现场音乐表演显然不同于观看电视节目；而参与课堂讨论同样不同于观看其他人进行课堂讨论的录像。有些要素可以录制并重放，但有些元素只能出现在实时活动中。

因此，在2001年，他们在同一地点开放了第二个礼堂——西礼堂。西礼堂的舞台与最初礼堂（现在的东礼堂）的舞台相映成辉，它们共享同一个后台区，而且允许演员在两个舞台之间快速切换，随时面对不同的听众。在正常情况下，两个礼堂的座位合计可接待5000名观众，但西礼堂还可以接待会议和其他活动，例如，在 2011 年一场名为"行动起来"的竞选活动中，米歇尔·奥巴马曾在这里发表演讲。

每个星期天，参会者都会挤满两个礼堂。每个礼堂都有自己的乐队，乐队同时进行演奏，各自为政。开场音乐结束后，安迪通常会在西礼堂进行开场祈祷，与此同时，乐队起立，离开舞台。随后，西礼堂的大屏幕缓缓落下，而安迪则回到东礼堂进行布道。此时，西礼堂的屏幕上将播放东礼堂正在布道的现场视频。在布道过程中，安迪经常会望着镜头，关注西礼堂的情况，并反复重申——他们也是教堂会众的重要组成部分。有的时候，礼拜仪式会以音乐作为结束曲，此时，每个礼堂的乐队都会返回舞台。

按照分布式课堂矩阵的定义，这就相当于从纯粹的 SC 式教堂转换到 SC^c 式教堂。也就是说，他们成为聚集在另一个地点的第二个群体。此时，某些体验要素必须采取现场直播形式，如现场音乐。而其他部分则需要通过视频源实现共享，尤其是布道过程。在这种情况下，一个具有同地特征的群体接近于主群体，从而让他们能共享同一个基础架构：比如说，同一家书店，或是为孩子开设的同一套星期日主日学等。这就可以充分实现教堂的最大接待能力，甚至有可能接待更多教民。亚特兰大地区的部分居民会驱车 1 个多小时，来到教堂参加活动，而且教堂负责人也很清楚，如果时间和地点允许的话，可能还会有另外数百人赶来。因此，教堂已着手扩大接待规模。

S^{c}C^c 式教堂

2003 年，北角社区教堂有了第一个附属教堂：巴克海德教堂（Buckhead Church）。该教堂最初由一个非正式群体组建，他们在 2001 年开始集会，并完全使用北角社区教堂制作的内容材料提供教会服务，其模式非常接近于采用斯坦福大学"CS Bridge"课程的本地学生群组。北角社区教堂的管理层对他们的做法给予了大力支持。新的卫星教区不断扩大，并在 2007 年迁入了自持物业。

　　巴克海德教堂曾一度成为我们所说的另一座 SC^c 式教堂：他们在阿尔法利塔（北角社区教堂所在地）进行的布道，可以现场直播给巴克海德的教区。巴克海德教堂有自己的乐队，由当地的牧师杰夫·亨德森主持。杰夫在巴克海德教堂进行开场祈祷，然后教堂的大屏幕切入阿尔法利塔的布道现场。在开启这种模式之后，安迪在布道中经常会对巴克海德教堂的教民致谢。他的布道通常包含一系列假想性例证，比如说："也许您今天早上来到这里的时候，还在为一场即将破裂的婚姻而煎熬"。在这个过程中，他通常会一边看着镜头，一边讲述这些示例，例如，"在您今天早上来到巴克海德教堂的时候，您或许正在竭心尽力地寻找与女儿联系的方式"。这些补充再次表明，布道的目标群体是整个分布式教堂。巴克海德教堂的现场参与者只是这些会众中的一部分。

　　这种直播结构表明，巴克海德教堂完全采取了与北角社区教堂相同的布道体验，这一点很重要，因为安迪的布道往往是前后有序的。只有遵循相同的时间表，人们才能选择在某个周日应赶到哪个教堂，以至于不会错过任何部分，同时避免重复听到相同的内容。这类似于我们在 "CS4643：深度学习" 课程示例中提出的要求。在这个示例中，分布在矩阵中的所有学生每周都要遵守相同的课程表，因为作业和评分完全依照这个安排。此外，这种共享结构还可以让北角社区教堂——按我们的说法——实现 "牧师" 的对称性。安迪有时会在巴克海德教堂（后来是布朗斯桥教堂，2006 年开放的另一座教堂）进行布道，此时，北角社区教堂的教民就成为远程观看者。这就会带来某些有趣的现象：北角社区教堂西礼堂的会众知道，无论如何，他们只能观看视频，但他们不会意识到，安迪不仅没有身处他们所在的礼堂，甚至已来到 20 英里外的巴克海德教堂。

　　但这种结构在协调上显然面临巨大挑战。大卫至今还记得那些令人尴尬的时刻：人们还在等待其他教堂的乐队表演，而布道却突然开始；或是在延迟几秒钟之后，人们才能接收到布道的视频。因此，要协调分布在若干不同地点的现场活动绝非易事，因为现场音乐和祈祷等很多环节都存在极大的不确定性。因此，在某些情况下，协调的核心转移到录像环节。尽管这些视频近乎实时播放，但对各教堂而言，能否在同一个星期日接收到完全相同的消息，依旧是最重要的任务。于是，其他教堂变成 S^cC^c 式教堂：每个教堂的教民聚集在当地教堂，和各自的乐队齐声高唱，献上自己的祭物，听从当地牧师的开场祈祷，然后，打开视频设备，收看阿尔法利塔教堂在几分钟或几小时前开始的布道。有的时候，当外地的教堂已开始收看视频时，阿尔法利塔教堂的布道尚未结束。不过，这些远程式教堂不必完全像电视现场直播那样，实现绝对无时差的同步。这就像每个教堂都有各自的视频录像机，如果需要的话，延迟几分钟开始播放也无所谓。

随着时间的推移，这种安排方式不断扩展：2011 年，格温内特教堂和伍德斯托克城市教堂作为北角社区教堂的第四和第五个教区先后开放，随后，第六个教区迪凯特城市教堂于 2014 年开放。所有这些教区均位于亚特兰大市中心，而且一般都采用主教堂的时间表，当然，各教堂均保留很大余地，可添加自己安排的环节。安迪在夏季通常不安排布道，在这段时间，各教堂的牧师会安排自己的布道，或是邀请客座布道人。这就可以让分布式教堂在维持北角社区教堂主导作用的同时，量身定制适合本地会众的体验。这一点类似分布式课堂，在尽可能规避时间限制的情况下，开展更大范围的讨论，或者根据特定学生群组的共同关注点，为他们量身定制有针对性的课程主题。

在这些分布式教堂中，新增参与者的角色尤其需要关注。人们常常指责MOOC 及大型课堂模式抢走了教师的工作，也破坏了教育体验。然而，作为分布式教堂，北角社区教堂的规模并没有减少必要的牧师人数，各教区仍设有自己的专职牧师，但这些人能把更多精力投入各自教民的具体需求上，因为他们无须承担常规教堂每周布道的任务。此外，教会会安排专人负责具体事务，如婚前辅导、财务辅导和复婚等事务，尽管这些领域都需要具备特殊的专业知识，但通常是由较小教会中的某一位牧师负责。这种安排意义重大：每个人的技能都是不同的，有感召力的演讲者未必是组织天才或是称职的导师。将传道的角色与牧师的其他职责区分开，就可以选拔出恰好能胜任某个具体职责的人，做到人尽其用。在教学中，这同样存在一个显而易见的类比：比如说，大卫并不认为自己是出色的现场演讲者——因为他经常会发脾气，语速太快，而且噪音不够洪亮。但如果把讲授课程内容与其他要素（譬如组织课程体验和解决个别问题）分开，他完全可以专注于自己最擅长的方面，然后把其他职责交给更擅长这些方面的人。

这不仅和领导能力有关：北角社区教堂的各教区仍要求志愿者的人数按比例增加，以维持教堂的独立运行。此外，他们仍需要更多的人负责婴儿及儿童事务、咨询服务、经营志愿者企业，等等。按照同样的类比，在我们的课程中，这就相当于需要由助教负责评分、解答问题和学术道德监督等事务。

在分布式教堂和分布式课堂的类比中，最后一个环节就是北角社区教堂对小规模群体的关注。每年，北角社区教堂各教区的牧师都会反复强调，星期日早晨的大型聚会只是教会体验的一部分。小规模群体也是同样重要的组成部分。这些小规模群体通常由年龄相仿的 8 到 12 人组成，他们每周聚会一次，讨论当周进行的布道，进行小范围的交流，并落实教会设计的活动。这些群体规模很小，但关系密切，更积极，而且互动性更强，因此，安迪经常说，如果你没有参与过任何这样的小团体，那么，你实际上就没有参与教堂事务。按照我们的类比，这就相当于把这些小团体整合到分布式课堂中。我们经常讨论助教在分布式课堂中的职责，其实就是讲助教应如何协调和引导在课堂上进行的小组讨论。

对于北角社区教堂这样的大型教堂以及 MOOC 之类的大型教育项目，它们会给外界带来共同的印象——庞大、匿名且不具人格性。评论家指责它们从根本上误导了企业的目标，无论是宗教信仰，还是学习，都属于个人行为，都需要互动，而且都必须以关系为动力。这些批评家的观点没有任何错误：很多大型教堂确实忽略了这一点，很多大型教育项目也没有意识到这个问题。但这并不意味着，这种结构与目标是完全不相容的，相反，这只能说明，必须在企业设计中充分考虑到这种普遍密切关系的建立。北角社区教堂提供了一种在宗教背景下实现这一目标的蓝图，而分布式课堂则试图在教育环境中体现这一宗旨。

SR、AR 及其他远程 S^cC^c 式教堂

在上文中，我们探讨了 SC、SC^c 和 S^cC^c 等模式的教堂，尤其是在封闭环境下，所有这些教堂都需要遵守相同的总体时间表，这非常类似于我们为"CS4643：深度学习"课程设计的几个班级：把学生分组纳入同一个共享式论坛及作业评分流程中。当然，我们并不清楚，北角社区教堂是否尝试过在 S^cR 模式上有所发展，按这种模式，人们可以登录网络，在线观看预先录制好的布道视频。但这所教堂的活动方式确实属于其他两个单元格（SR 和 AR），而且还存在一个位于 S^cC^c 单元格的变体，所有这些模式，对分布式课堂而言都是值得思考的。

首先，SR 和 AR 式教堂的想法并不是新鲜事物：教堂事务进入电视广播已有数十年的历史。就在不久之前，安迪·斯坦利牧师的父亲查尔斯·斯坦利（Charles Stanley）还是亚特兰大第一浸信会教堂的高级牧师，早在 1972 年，他就已经开始通过广播和电视进行布道。让很多人感到惊讶的是，多年以来，北角社区教堂竟然拒绝接受电视布道方式的存在；而他们最早选择非现场布道时，还是通过互联网进行的，尽管后来他们的布道也曾出现在电视节目中。北角社区教堂（在这里指所有相关教堂的总称，统称为"北角"）连同位于亚特兰大的实体教区一起，共同打造了一个在线"教区"，在这里，参与者可以观看来自任何教区的音乐表演和布道。互联网所具有的互动性，

可以让我们有选择性地设计这些在线体验，以吸引和接纳更多的在线教民。不同于电视和广播的一对多机制，网络界面所固有的联网机制为实现互动和连接创造了条件。在现场布道时，安迪经常会在上台之前刻意地向在线观众致意，并在布道结束时对在线观众进行道别。在布道进行的过程中，安迪会在讲解示例时添加适当的解说，比如说："您或许正在网上观看，因为您尚未找到能同道参与教会的当地团体"。这些措施让远程同步观众丝毫没有疏离感，让他们成为分布式教民中的同等成员。

实际上，这些信息同样可以通过异步方式使用，而且这同样不是什么新鲜事，这种做法最早可以追溯到教堂书店，北角社区教堂的第二个礼堂在当时还尚未启用，但他们已开始在讲堂上出售布道过程的 CD 和 DVD 资料。如今，这些视频可以按需供应，以方便那些距离教区较远或尚未加入教会团体的人，同样受益的，还有那些无法遵守固定时间表、无法按时参加教堂活动以及需要以保密身份参加活动的人。实际上，这些限制因素也是很多教育产品潜在使用者面对的困难。

然而，这也为北角社区教堂营造战略合作网络创造了条件。它们类似于卫星教堂，只不过在形式上更独立、更趋于远程化。如果说卫星教堂就像是斯坦福大学"CS Bridge"项目下的管辖区，那么，这些战略合作伙伴则是使用借用材料的独立团体。不同于与它们相关的教区和卫星教堂，战略合作伙伴可以不遵循相同的时间表，也无须参与教堂的核心组织。相反，这些小教堂只是利用北角社区教堂提供的开放资源，独立地对会众提供本地服务。北角社区教堂目前在其官方网站上列示了 149 家战略合作伙伴，其中地理位置最接近的一家，就位于距亚特兰大主城区，而距离最远的则位于澳大利亚和南非。从总体上看，它们分布在美国的 31 个州、海外 9 个国家及全球 5 大洲。这些战略合作伙伴更像是我们的高中群体、在职群体或其他非正式团体，无须参与"CS4643：深度学习"各年级的学分制课程，但仍可通过录制资料为他们的学习提供支持。

所有这一切都意味着，在新冠肺炎疫情暴发时，北角社区教堂的生存和发展环境优于其他很多教堂。几乎就在一夜之间，他们就从以 SC 模式向其他教区和远程会众布道的教会，转换对远程会众进行直播的 SR 式教堂。这种快速转换是其固有结构的基本特征。在他们随后的反应中，也可以看到他们是有备而来的：亚特兰大都会区的其他教堂还在急于尽快重新开放，而且可能面临捐款减少或是在数周和数月后影响力骤减的风险。但另一方面，北角社区教堂则在 2020 年 7 月初宣布，他们将在截至年底的整个年度内不再对外开放，但会继续提供在线服务。在如此艰难的环境下，他们竟然可以如此轻而易举地做出这个决定，这难免会令其他教堂羡慕不已，即便是那些还在为2020 年秋季能否重新开放而苦苦挣扎的教育机构，也只能自叹弗如了。

在北角社区教堂的 25 年历史中，我们看到了一个从单一地址、单一教堂到跨时空分布式教堂的演变。这些不同的地点和服务始终以他们自己的"课堂捕获"版本为基础的，而后，通过互联网分布到其他教区和远程会众。这就可以让他们在分布于不同位置的地点重现现场体验的互动——如现场音乐、小组互动以及专职的儿童事工。尽管让整个机构正常运转所需要的人员数量没有变化，但职责发生了转移，每个人在创建关系和实现互动过程中承担起更多的任务。按同样的逻辑，在教育领域，我们仍处于早期发展阶段。我们已经尝试过很多相互独立的体验要素，并找到它们的成功之处，因此，我们当下的任务，就是把这些要素融会起来，去编织更广阔、更有凝聚力的愿景。在北角社区教堂的历史中，它也曾面对同样的挑战、相似的指责和相似的优先事务，这足以表明，这样的愿景不仅是合情合理的，而且值得期待的。

Chapter Six

第六章
现实思考

如果说我们的愿景过于"曼妙",或许有点轻描淡写。在此前的五章里,大家或许已经看到我们推荐的一种解决方案,而且肯定会嘲笑我们竟然用如此简单的语言去描述如此这么复杂的问题。而本章的目的,就是深入探讨某些现实障碍。对于读者认为过度简化的问题,我们总结为如下三个方面:

- 技术:在很多方面,我们确实把技术描述为一种被动的事后方案,而且还是一种在后台运行的无形方案。技术当然不可能这么简单。既然没这么简单,我们的观点是否可行呢?

- 人员:在整个构想过程中,我们始终认为,存在大量符合要求且愿意协助分布式课堂的助教。这个群体真的存在吗?如果不存在这样的人员支持,分布式课堂的可拓展性还成立吗?

- 适用性:迄今为止,首先,我们所关注的焦点始终是为热门领域寻找合格教师的困难;其次,我们讲授的是计算机科学,这就是我们必须面对的现实。但如果我们冒险去尝试一下计算机科学以外的学科,分布式课堂是否还实用?分布式概念是否只适用于计算领域的研究生课程?如果这样的话,分布式课堂的观点还有存在的意义吗?

在随后的内容中，我们通常会提出两个论点：首先，分布式课堂在技术上是可行的，在实践中也是可拓展的，而且基本具有普遍适用性。其次，即使技术过于复杂，又找不到符合要求的助教人员，而且学科范围非常狭窄，但分布式课堂的范式依旧是可行、可扩展而且具有广泛适用性的。

技术

我们自己就是计算机科学家：在描述技术可以实现的无数奇迹时，我们不得不面对两个方面的陷阱。首先，我们显然对技术可以发挥的作用持乐观态度。其次，我们自己对技术的适应性和接受度当然要高于很多人。对于像我们这样的人来说，直截了当或许不会让其他人感到不知所措。实际上，我们也认为，这恰恰就是在线计算机科学硕士学位课程的成功原因之一：我们自己就是计算机科学家，而他们只是把计算机作为讲授计算机科学的媒介，因此，我们有能力构建成功所需要的基石。

这就是说，在计算机科学领域，我们的细分领域就是交互式计算，它高度强调按用户需求进行设计。我们认为，并不是所有新手都能驾轻就熟地使用这些复杂工具。我们始终坚持，在设计工具时，必须充分考虑用户所处的具体环境。这就意味着，如果只有具备强大认知能力的人才能使用一种工具，那么，这种工具就不适合讲授这门同步课程的教师。因此，尽管我们在讨论中确实对技术的能力持乐观态度，而且对技术的使用效果也感到满意，但我们仍要尽可能不低估困难，把握一切必要的附加措施，让教师更好地关注内容呈现。我们相信，这些必要技术对展示者而言可能是不可见的（这意味着，几乎不需要他们去进行更多的思考），而且只需投入很少的精力即可运行。

在本节中，我们将讨论两个话题：第一个话题是前沿技术——假如您是负责决定课堂应支持哪些内容的管理者或技术人员；第二个话题是（相对）

低技术含量的"自助"方法——假设您只是不得不在现有限制下使用这些技术的教师或学习者。

前沿技术

从会议室后面安装一个摄像头开始，演讲捕获和远程呈现（telepresence）技术已经走过了漫长的发展道路，而今已达到全新的水平。不妨以佐治亚理工学院全球学习中心（GLC）为例，说明这些技术可以创造的现实。GLC 为远程学习课堂配备了两部智能摄像机。这些摄像机安装在课堂的墙壁上，当演讲者走动时，摄像机可自动跟随演讲者进行拍摄，还可以在正进行讨论的小组成员之间进行切换，或是自动聚焦于正在提问的学生。无论演讲者站在课堂的什么位置，遍布整个房间的麦克风都可以捕获他的音频，或是为演讲者佩戴无线麦克风，以确保所捕获音频的质量。对课堂大屏幕上显示的内容进行自动捕获，并添加到直播视频中。所有这些输入被导入一个中央系统，该系统把这些信号整合为一种完整的核心体验。与此同时，系统会单独保存这些原始信息，以供未来进行其他编辑。比如，系统在尝试确定何时应聚焦于扬声器以及何时聚焦屏幕图像时，会把这些视频信号保存下来，这样，以后就可以根据具体环境的需求对它们进行智能选择。

当所有操作的结果同步达到最佳状态时，就可以共同创造出教师所处的课堂环境：他们走进课堂，拨动开关，之后就可以向身处课堂内的学生以及世界各地其他课堂或家中的听众开始授课。然后，系统按最大限度减少编辑的原则，以被动形式生成授课过程的视频，从而获得进行异步教学的基础。

当然，GLC 的远程学习课堂在很多方面都是出类拔萃的。为支持我们所考虑的大规模分布式课堂，学校需要为每个课堂配备相同的技术装备。这样做合理吗？如果是在 2019 年，我们可能会说"不行"：设备价格太贵，而且潜在收益是无形的。在教学技术的发展历史中，高成本投入的示例不胜枚举，人们把这些复杂昂贵的系统强加给教师，但由于学习曲线太漫长，或是用途范围太狭窄，因此，最终的收获聊胜于无。但随着新冠肺炎疫情的暴发，这种倡议的可行性已得到实践的验证。很多学校已开始迫不及待地引进这些系统，以便于在提供现场体验的同时，充分照顾小规模课堂和某些无法进入校园的学生。例如，佐治亚理工学院就把这些技术整合到校园的每个集中管理课堂中，为混合式课程提供技术支持。这种情况也出现在高等教育范畴以外：在亚特兰大，一所 K12 基础教育阶段的私立学校采取了相同举措。

前沿技术促成了我们的实践。如果你是参与采购决策的人，那么，不妨邀请身边的教师共同讨论，看看这些系统到底会带来哪些收获。

自己动手

不可否认的是，大多数教师和学校仍无法使用这种设置。如果分布式课堂模式只适合全球最大的顶级研究机构，我们必将迎来高等教育大规模集中的未来，实际上，在线教育机构 Udacity 的创始人塞巴斯蒂安·特伦在十年前就已经做出这样的预测。另一方面，资金充裕的私立小学却能够不断提高教育覆盖面并提供丰富的教育产品，这不免让公立学校望尘莫及。显而易见，这样的结果都不是我们愿意看到的。如果我们认为，这种方法只是为了让资金充裕的大型学校进一步发展壮大，那我们就没有必要写这本书了。

我们认为，要让这种模式带来更积极的影响，就必须让教师充分利用他们已经拥有或是可以轻松取得的工具。因此，我们不妨看一下，教师应如何从头开始为这种模式构建基础架构。首先，我们考虑一下普通的课堂设置，在这样的课堂中，教师通常会一边演说，一边播放事先准备好的可视化资料，而且一般会采用幻灯片形式。在进行现场授课时，教师需要的是一台电脑和一台投影仪。电脑和投影仪成为现场授课的主角。在课程开始时，教师会打开一些视频会议工具（如 Zoom、BlueJeans、Microsoft Teams、Google Meet、YouTube Live 或是 Twitch，这些工具基本可以满足教学要求），并开始在屏幕上演示课程内容。如今，大多数此类工具都允许演示者在展示屏幕的同时，持续播放视频资料。因此，教师在课堂上展示的可视化资料与摄像头捕获的演讲视频同时进入实时直播。这些电话会议系统大多具有这种录制功能，因此，对课堂体验的录制完全可在系统内完成。在课程结束时，远程同步听众（无论是身处其他地点，还是在自己的家里）都可以观看现场直播；另一方面，由于课程体验已被录制为视频留作后期使用，希望回顾课程的学生或是不能参加现场课堂的其他人可以反复观看这些视频资料。

那么，这种体验有什么要求呢？计算机已成为课堂设置的基本要素，还可以补充一部网络摄像头，高速互联网连接自然不可或缺。此外，还需要视频直播平台，而很多具备相应功能的平台均可提供免费服务。最后，还需要一套用于记录内容的 Web 主机系统，同样，大多数学习管理系统均提供文件存储服务（即网盘）。因此，只需额外投入非常有限的资源，即可对课堂内容进行实时直播，并通过现场录制为以后提供备存资料。

当然，技术要求并不是唯一的限制因素。教师需要进入网络摄像头的视域，这意味着，要么把这个摄像头塞到讲台后面，要么给计算机的网络摄像头找一个更合适的位置，以便于精确捕获教师的动作和演示内容，位置可能直接影响到音频捕获的效果。但微不足道的补偿就有可能带来巨大的变化。首先，为教师配备专用麦克风可以大幅提高音频质量。幸运的是，这很简单，大多数计算机（尤其是笔记本电脑）都设有蓝牙无线接口。蓝牙麦克风的价格甚至还不到 20 美元。在硬件设置中添加这样的麦克风，可以为教师提供更大的活动空间，而不必担心演示文稿的音频质量。还可以把摄像机固定在某个适当位置，在这种情况下，要重新定位摄像机，就需要移动笔记本电脑，这当然笨拙而麻烦。如使用无线网络摄像机，效果会如何呢？这往往需要花一大笔钱……不过需要提醒的是，我们身上很可能就已经配备了无线网络摄像机。

如果我们手里有智能手机，那当然也就有无线摄像头了。无论是适合安卓操作系统的 DroidCam 还是针对 iOS 操作系统的 iCam 等应用程序，都可以让我们把智能手机连接到计算机上，并把手机当作网络摄像头。当然，教师还可以使用电话创建一次单独的课堂电话会议，从而提供多角度的视频信号。因此，无须把摄像机和计算机捆绑在一起，这样，教师就可以随心所欲地放置摄像头的位置。当教师在课堂内走动时，让摄像头随时跟随教师本人或演示稿。这两项调整不会影响课堂的常规设置：计算机仍把相机视为网络摄像头，把麦克风当作音频输入设备，并将它们传递到相应的远程会议系统中。

当然，还需要对教师的活动方式进行适当的轻微调整。有时，教师直接面对摄像头讲话是非常必要的，这样可以让远程学生感受到更多的参与感和包容性。因此，我们建议按第五章推荐的模式，在上课前直接对远程学生发表欢迎致辞，在课程结束时，专门对他们的参与表示感谢，并在授课过程中，有针对性地就个别内容和问题为他们提供指导。此外，还要确保教师始终能出现摄像头的范围内，并对在线听众大声重复现场授课中提出的问题。这确实很重要，因为音频传送的焦点是教师本人的音频演示。但是在大型现场中，现场提问者的声音有可能缺乏力度。

如果教师在授课中并不以幻灯片为基础，该如何处理呢？这就要求对授课体验进行一些调整。如果教师喜欢大量使用手写板书，那么，只需将摄像头对准白板即可，这显然是可行的。在这种情况下，教师须确保板书上的文字足够大，这样，在通过视频会议系统传输时，即使在视觉上被压缩，但足以让观众做出有效识别。如果采用这样的设置，我们建议，在教师擦除白板上的文字之前，捕获板书的快照，这样，就可以在课后使用这些快照，消除视频信息可能存在的歧义。但更可取的方法可能是使用 USB 文档相机。文档相机的功能类似于网络摄像机，只是将它们设置为仅对有形桌面上的信息进行记录。然后，教师可以在纸上书写，并把这些内容实时直播给远程观众，同时在屏幕上投影给现场学生。遗憾的是，这就意味着摄像机不会录制教师在课堂上的行为，不过，文档相机捕获的是教师实时书写的视频过程，而不是静态图片，这也在一定程度上提高了课程体验的生动性。根据具体采用的工具，视频信息也可以在不同视频源之间轻易切换。

当然，还存在很多其他类型的授课演示风格。通过对上述方法进行适当调整，多数风格都是可以处理的。例如，在包含现场演示的化学课中，可以充分利用以智能手机作为网络摄像机所具有的移动性。在需要使用实时软件的软件开发课程上，课程直播几乎和使用幻灯片播放演示文稿一样简单。如果在课程中需要观看大量实时教具或物品，可以将它们直接放在文档相机的镜头前，或是对它们进行专门拍摄，从而让它们直接显示在远程屏幕上。尽管面授学生和远程学生的体验仍会存在差异，但是以当前的技术，这些体验可能比以往任何时候都更加接近——而且接近的程度，足以让远程学生没有任何异样的感觉。

学生方面

不管采用前沿技术，还是更多地自己动手，给远程学生带来的结果都是相似的：他们不仅会收到现场体验的直播版本，并配有与真实课堂互动的途径，还可以获得异步版本的体验，供以后观看。

在这样的安排中，首先需要接受一个最基本的假设。我们通常会假设，在这种设置下，包括远程学生在内的所有学生，都可以按时出席现场授课。远程学习之所以会在新冠肺炎疫情暴发后迅速兴起，最有说服力的理由就是学生的日程安排仍取决于其注册时间，因而可以合理预期，他们会像以前参加现场课程那样，在相同时间登录实时虚拟课堂。但这就相当于假定，这些学生的远程上课安排有利于保证他们的出勤：他们必须拥有能实时参与的互联网连接，必须能在授课期间接入自己的设备，而且要拥有有利于学习的家庭环境。但这些都是无法保证的。远程学生可能生活在互联网基础设施非常薄弱的地区；他们可能需要与家庭中的其他成员共同一台设备；或者，他们可能不得不使用在客厅沙发上临时搭建的设备参加会议，在听课的时候，兄弟姐妹可能就在身边看电视，或是父母还在为维持家庭生计而忙碌。

只要我们使用技术改善这些体验，那么，我们就是在人为设定标准：谁是受欢迎的人，谁是不受欢迎的人。在我们的课程体验中，不欢迎的是那些缺乏适当技术设置的人。这就是所谓的数字鸿沟：拥有良好技术的学生，就是为成功而生的候选者，摆在他们面前的是一种良性循环；而技术落后的学生，往往只会进一步落后，他们面对的是恶性循环。当然，不管怎样，有些差异，如学费支付能力、地域上的可达性、本地资金以及造就这种鸿沟的其他因素都是客观存在的。但是，我们更希望让技术成为一种均衡器，而不是进一步加剧教育的不公平。

幸运的是，这恰恰是分布式课堂设计的优势之一。通过对各个单元的针对性设计，我们可以为面对不同现实约束和机会的学习者提供学习资源。例如，如果学生缺乏参加课堂直播所需的互联网连接，或是须等到下班后才能回到家中打开计算机，那么，对这些学生而言，可以使用录制内容实现 AR 模式的学习。如果教师已经意识到这些时间安排上的冲突，他们甚至可以使用自己的资料，并根据自己录制的资料自行创建 S*R 课堂。比如，学生可以在白天的早些时候观看视频课程，而教师可以在晚 8 点在线上与学生实时聊天，解答问题。相比于为错过同步部分的学生重新讲授而言，教师的负担自然就小多了。但这并非完全不需要增加投入，只是必须增加的工作量会少得多，尤其是在教师或助教团队拥有行使职责所需资源的情况下。这里的关键就在于，不断分析如何把矩阵中的每个单元格视为有针对性的等价体验，而不是把一切都归结为事后思考。这样，就不会抛弃那些受到约束而无法体验某些类型互动的学生。

其他技术

在本节中，我们始终在讨论能为课堂体验本身带来可分布性的技术。我们曾想当然地以为，今天能在课堂以外进行的活动（提交家庭作业、获得成绩和反馈以及在论坛上提问等）早就是理所当然的事情。但是在很多地方，现实并非如此。就在我们撰写本书并征求意见的过程中，一位学生和我们分享了一篇关于社交新闻平台 Reddit 的评论，这条后来被删除的评论来自一位教师。在评论中，这位教师描述了自己在新冠肺炎疫情暴发后迅速转向在线教学后遇到的很多问题，以及他对 2020 年秋季学期混合式学习模式的顾虑。但我们所描述的技术显然无法解答他的大多数问题并缓解他的恐惧。比如，他指出，无论是对于远程学生还是面授学生，任务的难度很简单，和管理工作表没什么区别。在现场课堂上，学生通常无法使用所有班级都在使用的技术，因此，教师必须打印工作表，然后由他们手工填写；但是在家里，学生可能没有打印机可用，因而必须以虚拟方式完成工作表。这就意味着，教师可能需要为这些学生准备并行的工作流程。这样的问题会渗透到其他环节，比如，因为在家中上课而无法完成实验室的实验，以及因版权保护问题而导致教师无法进行远程资料共享。其他问题更多是针对技术本身的。在上面提到的评论中，这位教师指出："我需要设置 10 节内容的 Google Classroom 和 10 个成绩簿，这就让我的工作量整整增加一倍。而且，如果我还要在 Google Classroom 上发布内容，而且希望附带新的链接或是更改截止日期，那么，我就必须逐个进行编辑。另外，不可能把一份作业一次性地发布到多个课堂，因此我只能进入这 10 个课堂逐个操作。现在，我需要随时关注 10 个课堂，看看每个课堂上是否存在迟交作业的情况。"显然，这和我们所倡导的思路完全背道而驰：无论是在哪一种课堂结构中的学生，都需要纳入一个大的课堂。

在把这些想法诉诸不同层面、不同学科领域或是不同环境之后，我们不得不面临更多的挑战。我们当然不想对这些困难视而不见，或是化繁为简。相反，我们提倡让所有利益相关者参与到决策当中，比如，对这个负责 10 个 Google Classroom 的教师而言，最可取的办法就是在规避外部人为限制的条件下，把这些课堂组织成为一个具有某些特殊功能的大班级。

但更重要的是，这个模式也为我们应对这些挑战提供了一种解决方案。分布式课堂模式的优势就在于它的可分布性和可伸缩性。在高度确定性的领域，每个教师都无须成为这个领域的专家。如果一门课程已实现了充分开发并高度成型，那么，就可以对这个完善的版本进行扩展，以满足远程学生的需求。随后，教师就可以为学生提供更多的支持，解答他们的个别问题，并制订"个性化教育计划"（IEP）和住宿计划，而不必独自开发完整的课堂体验。现在，每一位教师都需要同时扮演多个角色。分布式课堂提供了这样一种机制，允许教师专注于个别角色，造福于教师和学生的整体利益。

人员

第四章和第五章始终在提及这些被称为"助教"的神话一般的存在，他们的职责就是为分散性的学生提供个性化支持。之所以如此依赖这些人，是因为我们在在线计算机科学硕士学位课程承担的正常角色完全离不开他们的支持。

在我们的在线硕士课程中，我们为每个班级配备一名主管助教，并为报名上课的每50名学生再配备一名补充助教。以本学期为例，大卫开设的"CS6750：人机交互"课程吸引了519名学生上课。那么，我们这门课程配备的工作人员包括12名助教：包括一名主管助教和11名补充助教。主管助教罗尼·霍华德负责管理评分工作流程、在课程论坛上回答例行问题、把部分问题提交给大卫。其他助教主要侧重于论文评分：我们每周都会收到30～40篇论文，他们的任务是给这些论文打分。此外，他们在必要情况下也要在课程论坛上解答问题，当然，这主要是因为他们本身就是乐于助人的人，而不是因为他们必须承担这项责任。与此同时，大卫的关注点则是在最需要学科专业知识的任务上：设计课堂考试及评分标准、在课程论坛上解答有难度的问题以及制作课程内容等。

我们的全部班级均按类似模式运作。具体课程的任务可能会有所不同。在某些课程中，由助教负责编写考试及评分标准、编写自动评分工具或提供更多的一对一辅导。但无论什么职责，没有这些助教，我们的课程将无法运行。没有他们的参与，我们就只能依赖于同学评分或自动评分。两者都承担了重要的教学作用，对学生来说，同学评分确实是一项非常有价值的学习活动，而自动评分可以对某些类型内容创建快速有效的反馈周期——但是要重建一个完整独立的考试流程，显然需要对流程本身进行大幅调整。分布式课堂也遵循类似的模式，它采取的一个基本假定是，在一定数量的新学生入学时，需要相应增加新的助教为他们提供支持。这就把分布式课堂与 MOOC 区别开来，这意味着，这种模式遵循的是线性比例，也就是说，课程覆盖范围的唯一限制就是能否找到助教。

这就给我们的愿景带来了两个问题：首先，是否可以能找到助教？其次，如果找不到，该如何应对？

我们能找到助教吗

为了探讨我们依赖助教的合理性，我们首先需要对这个角色进行定义。助教是指曾在所负责课程的考试中得到过 "A" 级的个人。他们还不是足以从头开始讲授这门课的专家。他们是已经达到我们对班级现有学生所设定目标的个人。助教所需要的一部分能力包括为课程主题的讨论创造条件，回答针对课程内容和考试的很多（但并非全部）问题，根据教师制定的考试标准对学生的作业评分，并为学生提供有价值的反馈——既可能是积极的，也可能是消极的。对于某些课程，还有可能需要这些助教在接受适当培训的情况下，去承担要求同等体验的其他角色。这些培训可能涉及检查作业是否为抄袭，调试学生提交的代码，或是对课程内容设计替代性展示方式。

我们认为，尽管这些助教的能力处于相对较低水平，但他们仍然是一项资产而不是负债。专家盲点和认知负荷之类的认知理论告诉我们，在更多的情况下，和课程内容打交道的行业专家并不一定是这项内容的最佳教师。他们或许已忘记了不理解教材的那种感觉，因而也难以发现学生的错误，更不知道该如何调整课程难度。对于讲授与研究相关课程的大学教授而言，这确实是个问题。即便是在高中教师或大学低年级讲师当中，年复一年讲授相同的内容，习以为常的熟悉感也会在心理上影响他们接纳新的学习者。实际上，恰恰是刚刚学完学科内容的助教，才最有可能了解班级学生的困境。由于助教和新生的体验水平相对接近，因此，和这些助教的讨论更像是同学之间的学习。助教还有其他作用，即便对同一个问题，每个人也会有自己的视角和观点，因此，聘请更多的助教可以为课程带来多样化的观点。助教自己也会从中受益，通过讲授内容，巩固了他们对学科知识的理解。

我们知道，具备这些资格的人肯定是存在的，毕竟，在每学期的每个班级，都会有人得到"A"级。但他们对这项任务感兴趣吗？我们有能力聘请这些人吗？从以往的经验看，这样的人选肯定是存在的，至少在高校是这样的，这个岗位已存在了数十年。带薪助教职位的需求量通常很大（部分原因是这项工作可以为他们带来相当数额的学费减免），但相比之下，能担负职位的候选人数量可能很有限。但现在的背景是不同的，班级规模已开始受到课堂容纳量的限制。下一个问题是：是否能为这个 75 人的班级找到足够的助教？把这些助教人数加起来，即可估算一门课程可以接受的学生数量，在此基础上，再有选择地进行招生。我们在在线计算机科学硕士学位课程中得到的范例以及我们对分布式课堂的目标，就是接受所有对这门课程感兴趣并符合要求的学习者。因此，我们的问题也就转换为"是否能为所有对这门课感兴趣的学生找到足够的助教呢？"

在这里，我们将借鉴以前在在线计算机科学硕士学位课程中得到的体验。

我们曾在第三章提到过，我们曾尝试过聘用在线学生担任助教。简而言之，当第一次开设这门课程时，我们假定上述这个问题的答案是"否"：校内课程从现有学生团体中选拔助教，因此对于招生人数更多的在线课程，也需要从与课程相关的学生团体中寻找人选。但是按我们的预计，由于在线学生年龄相对较大、经验更丰富而且很有可能正在工作，因此他们不会对助教这项工作感兴趣。减免学费对在校生而言是一种巨大的激励，而且他们最需要的角色也是和本班最相关的角色。到目前为止，助教这个角色显然是他们的最佳选择。在线学生的学费低得多，而且他们在上课的同时往往还要兼顾工作和家庭。对在校生而言，助教这份工作可能是他们第二重要的事情（他们自己的学习排在第一位），而对在线学生来说，可能只排在第三或第四位（排在他们自己的工作、学习或是家庭之后）。

因此，在过去的几个学期中，我们仅雇用校内学生担任在线课程的助教。正如在第三章中所言，这给夏季学期带来了问题：在校生会离开校园，到校外去实习，于是，我们也就没有助教可用了。于是，我们开始从在线学生中招募候选人，当时我们只是想看看，是否至少能为一个小班级找到足够的候选人。最终，与接纳所有有入学意愿的学生所需的助教人数相比，实际可聘用的候选人数量要多得多。从那时起，我们开始大量聘用在线学生担任助教。很多人甚至在毕业后仍继续此项工作。我们经常会收到应聘助教职务的申请，其总数远远超过我们按学生/助教目标比率需要招聘的人数，因此，我们对人员问题丝毫不感到担心。尽管我们目前还只能聘请美国居民，但即便是这样，助教职位依旧炙手可热。在我们的全部学生中，35%的学生来自海外，这意味着，目前只有2/3的学生有资格担任助教。

这些数字描绘出一幅乐观的景象。现在，如果我们需要为每40名学生配备一名新助教（这是考虑每个班级配备一名助教后的平均比率），那么，我们就需要有2.5%的学生具备这种资格，并愿意担任一个学期的助教。但是，我们实际看到的数量足足是这个数字的两倍，而且绝大多数人至少愿意坚持三个学期。在 2020 年的春季学期，大卫为自己的在线计算机科学硕士学位课程聘请了 55 位助教。到 2020 年秋季学期，其中的 47 个继续担任助教，而且至少已经任职三个学期。很多人担任助教的时间甚至早已不止三个学期：为我们工作时间最长的助教已任职超过 5 年，完成了 16 个学期的助教任务。

因此，至少在我们这个领域，学生对担任助教一职似乎不乏热心，而且也不缺少兴趣。其他领域的情况可能会有所不同，但我们认为，这样的情况肯定还会延续。那么，这就引出我们的下一个问题：我们能否承担聘用助教的成本？我们在这方面的经验同样是乐观的。按照我们收取的学费（每节课 540 美元），40 名学生可以为我们带来略高于 2 万美元的学费收入。通常，我们的助教每周工作 20 个小时，每小时可获得 15 美元的报酬；在为期 17 个星期的一个学期中，这笔费用的总额为 5100 美元。尽管这笔费用不容小觑，但对我们来说肯定还是可持续的。这些助教由一名教员统一指挥，这位教员每学期的薪酬为 12500 美元。这些直接成本由至少包括 42 名学生的班级承担；大多数班级的规模会更大（平均 350 人），因此，课程顾问和其他人员的薪资绝对不会出现资金问题。当然，其他学校的助教配备比例会有所不同，学费极有可能更高，这意味着，即使助教的占比降低或是他们的工资增加，在财务上依旧是可以负担的。

但如果不是的话，我们或许还有其他模式可供使用；但事实上，我们根本就没有必要去考虑其他模式。我们的研究表明，我们所聘请的助教大多数不是为了收入。53% 的人是因为这个角色本身所能带来的收获（如更漂亮的个人简历、有更多的机会与教师和同学建立联系以及加深对学习资料的理解），38% 的人主要是为了帮助他人，只有 9% 的在线助教职位申请人把经济激励为申请的主要理由。相比之下，在校内申请人中，有 54% 的人把经济收入作为主要原因。如果有必要的话，建立以志愿者助教为基础的模式或许是可行的。

但或许最值得注意的是，吸引学生参加课程的很多好处，这恰恰也是吸引教学助手的原因。在线学生处于分散状态，无论他们采取的是远程方式还是异步方式，助教也是如此。对那些青睐薪酬激励的人来说，这会让这个职位更容易和其他为赚取额外收入的工作岗位保持平衡；而对那些以内在或利他动机为动力的人，由于代价最小化而使得这个职位更容易被接受。我们所描述的，并不是一个要求每周在办公室工作 20 个小时的无薪实习职位，而是一个可以在孩子上床睡觉后或是在周末作为业余爱好去做的事情。这不仅会增加潜在申请人的数量，还有助于提高他们对这个职位的匹配度：因为他们知道做一名远程学生的感受，而且愿意根据自己的感受去支持这项事业。

我们在其他组织也会看到这种工作模式的价值。作为一个大型公开在线课程项目，Coursera 的志愿者辅导员制度已经取得巨大成功，而且在维持评分标准稳定和加快作业反馈等方面的压力也相对较小。Udacity 强调以项目为基础的考试，他们始终依赖评分人进行成绩反馈并授予学位。通过这种机制，他们每天可以对数百个项目做出评价，不过，他们为这些评价支付的费用可能远超过我们支付给课程助教的报酬。

如果事与愿违，我们该如何应对

这些趋势让我们相信，在分布式课堂中，只要聘用更多助教为增加的学员提供支持，就可以实现入学人数的无上限线性增长。这种方式已被我们自己的实践所验证，也为不同背景下的其他组织带来了收获，而且数据也足以让我们相信，即使在某些方面可能会有所差异，但总体趋势会保持相对稳定。

但如果不是这样呢？某些原因导致这个模式还做不到放之四海而皆准。计算机科学的发展在很大程度上源于业余爱好者的热情，在这方面，其他领域或许只能自叹弗如。这些人可能把造福他人当作一种使命。当然，我们也会看到所谓的"先行者效应"：这些课程或许还属于新鲜事物，自然会吸引那些追求新生事物的人，而这些人更有可能拥有反哺他人的愿望。但随着这些课程逐渐成为主流，原来的新奇感随之消逝，于是，愿意做助教的学生自然也随之减少。

正是这些威胁促使我们在一定程度上认为，必须强调以低成本方式创建分布式课堂。比如说，当分布式课堂以可访问设备完成的课堂捕获为基础时，这就意味着，即使失败了也不会招致巨大的财务损失。因此，我们完全可以适当减缓增长速度。在我们的课程中，我们通常会在第一和第二个学期对学员数量设置上限，这样，我们就有机会培育一批合格的助教候选人，为未来的高速增长奠定基础。

如果不能为一门课程或领域找到合适的助教候选人，就需要通过其他方式创建分布式课堂——我们可能会发现，如果不能对他们的工作采取同样严格的考评，也很难指望他们以对异步远程学生按相同标准进行考核。但即便是这样，他们依旧能带来优于学生完全依赖公开材料所能获取的体验。

我们可以考虑，这种分布式课堂设置如何为教学系统提供整体框架。我们曾提到，这种方法的一个潜在缺陷就是集中化：如果一位教师可以教10000名学生，而不是100名学生，这是否会让其他99名教师失业呢？在机器学习等领域，这个问题的答案是"否"，因为最初可能就没有这99位教师。但是在微积分等成熟的传统领域呢？我们认为，答案仍是"否"，因为其他教师还需要执行其他很多任务，包括我们正在布置给助教的任务等。在学生人数较少的班级中，教师可以自己定期完成评分任务。在这些领域，分布式课堂只是减轻了教师交付内容的压力，让教师把更多精力用于为个别学生提供反馈和支持。换句话说，这个"助教"候选人的潜在来源或许就是教师自己，这种关注强化个性化援助的安排让他们有动力做这件事。在这种情况下，结果将是提高成绩，而不是增加入学人数或降低成本。

对其他领域，助教机制可能需要更多地依赖于学生自己。在北角社区教堂的类比中，我们曾提到，教堂非常重视小组会议，这相当于独立开展讨论和小组活动的同学群体。但北角社区教堂的小团体并没有设置助教。相反，通常是把一名小组成员指定为这个小组的牵头人，承担管理小组活动的责任。也可以利用类似模式把某些结构延伸到分布式群体，指定某一个学生（或采取轮换方式）负责按具体指令管理所在群体的学习体验。尽管这个人不会像助教那样回答问题，而是把这项任务分配给某个人，并对如何管理学习过程给出指示，这样，就可以对课堂体验的某些版本进行分布。

这只涉及课堂体验方面的问题，而不会贸然涉足考试及诚实性验证等问题。技术工具可以解决这个问题。尽管我们对同学评分普遍持怀疑态度，但研究表明，它在某些情况下是可靠的，而且人工智能也在不断改善这种方法的有效性。此外，自动评分也支持一定规模的扩展。现代评分技术所能发挥的作用，早已远不止以前的多项选择测试。相反，可以通过模拟自动评估学生的参与程度，以获得更真实的学习体验。隐身评分（stealth assessment）是按学生所执行行动的情况对其能力进行评价，而学生本人并不知道自己正在被评价，这是进一步提高扩展能力的一种方法。

在上述这些场合下，话题又再次归结到我们之前几章探讨的权衡问题。要让分布式体验与同步同地体验享有相同的学分或学位，需要满足哪些条件呢？分布式课堂的核心就是尽可能地分布全部体验：相同的内容、相同的课堂互动、相同的评分、相同的评分者以及相同的期望。而对称性就是要在"分布式课堂矩阵"的若干单元中提供相同的学分或学位。但现实有时可能会妨碍某些要素的分布，在这种情况下，我们就必须回到折中的问题：在继续提供同等动机去完成课程的同时，哪些是可以放弃的？在继续提供学生所需体验的同时，哪些激励措施是可以取消的？如果拥有足够多的分布性助教的后备力量，那么，需要放弃的要素或许不会很多。否则，就有可能以其他折中方式，去换取扩大招生范围的机会，但这就有可能无法确保个人学习成果和真实性不会受到影响。

适用性

如前所述，我们所从事的是研究生水平的计算机科学。因此，从我们的角度看，最大的问题往往是能否找到合格的教师。实际上，我们希望讲授的前沿学科领域，也是未来产业领域更具盈利空间的领域。因此，我们的重点始终是通过技术和助教网络，扩大个别业内专业人士的影响力。通过这种方式，我们可以找到新的途径，吸引那些原本没有机会参与高等教育的学习者。

但是在这个场景中，我们似乎是一个例外。多数大学课程均属于比较成熟的传统领域；尤其是拥有国家标准的 K12 基础教育更是拥有完备的课程体系。那么，我们的观点难道只适用计算机科学等前沿领域吗？在本节中，我们将论证这种方法与传统领域和其他学习层次的相关性。随后，我们将提出自己的论点，即使我们的其他观点可能还不尽如人意，但考虑到当下世界飞速变化的特征，这一理念依旧非常重要。

其他领域

我们首先探讨其他领域的情况，尤其是已趋于成熟的传统领域。在下一部分中，我们将着重探讨针对其他层面的教育（尤其是 K12 基础教育），因此，在本部分中，我们的讨论主要以大学层次为对象。我们在此前提到，大学高年级和研究生层面的课程，通常只能由该领域少数专业人士讲授，那么，大学低年级的课程又如何呢？这些课程通常拥有明确的内容标准，因而存在有据可查的"可交换"课程，也就是说，在一个学校取得的学分也适用于另一所学校。例如，在佐治亚理工学院，在"大学化学"考试中取得 5 分的学生，可以免修 CHEM1310 科目。

教师可以共同承担这些大型入门级课程的教学任务。比如说，在佐治亚理工学院，作为 CS1 最主要的衍生课程，CS1371 科目每学期由三名讲师共同讲授，以满足大量学生对这门课程的需求。

在教师方面，这些领域的人员配备情况要好得多。分布式课堂适用于这些领域吗？我们可以说——"是"。在尝试扩大 CS 教育覆盖面时，我们很容易会强调教师短缺的问题，但这其实只是促成我们在计算机科学硕士学位课程项目上取得成功的诸多要素之一。传统结构仍无法满足在职专业人员的需求。尽管对计算机科学授课的需求可能尤其大，但也存在同样的障碍，导致学生无法寻求其他领域的学习机会。分布式课堂的目标是扩大访问权，而不管访问权限为什么会受到限制。

例如，会计学学位早已成为数百所大学的传统学位。尽管该领域也在发生变化，但这些变化的速度远不及计算机科学。因此，针对这门学科，采用夜校课程和其他弹性课程的安排方式也较为常见。即便如此，印第安纳大学还是与 edX 合作，合作推出在线会计学硕士课程，这门课程的学费较低，并采取了异步远程教学方式。即使授课内容在其他大学已司空见惯，但是，通过吸引那些不愿意或无法满足全部面授课程条件的学员，这门在线课程依旧取得了巨大成功。这种全新的需求已不止局限于计算机科学等高速发展的领域。为扩大学生覆盖面，传统领域也需要以分布式课堂创造更多的学习机会。

这并不一定意味着，每个类似课程计划都会未来五年吸引 1 万名在职学生。毕竟，计算科学领域的巨大教育需求是其他领域无法比拟的。因此，对其他领域的预期或许可以适当降低。正因为如此，我们才始终强调，要尽可能地降低对课堂进行分布操作所投入的精力和成本。因此，可以利用现有设备及服务完成基本框架内的课堂捕获任务，为增加助教而带来的增量成本应完全控制在新增学费范围之内。因此，没有必要把扩大招生规模的努力演化为高风险投资。前期成本应尽可能地维持较低水平，而增量成本直接由增量学费所承担，从而确保财务上的可持续性。很多已开设的课程在下个学期还无法迅速扩容，以至于无法接纳更多分布式的学生，我们认为这缺乏足够的理由。重要的是，我们已经看到，很多机构正在以可承受的学费代价做这件事，而且也确实为那些经济条件有限的学生提供了入学机会。

这种方法在其他领域的另一个重要成果就是它在改善教学法方面发挥的作用。在第四章，我们曾介绍了如何以在线资料创建翻转课堂。所谓的翻转课堂，就是学生们在课堂之外消化讲座内容，而课堂时间则用于同步活动和讨论等，但这并不是我们希望达到的目标；毕竟，我们的首要目的是，对现场课堂体验进行分布性操作，而这些体验很可能就包括内容讲授过程本身。

但翻转课堂的很多优势也有借鉴意义。准备课堂过程所涉及的工作绝非小事，比如说，创建视觉展示方案、使用白板编写案例脚本以及为口头表述内容编制提纲等。授课过程也需要大量的时间投入。以佐治亚理工学院开设的"PHYS2211"课程为例，这门课在每周一、周三和周五上课，由几位讲师授课六次。如果可以把更多的原始演示文稿用于支持其他班级，那么，教师就可以腾出更多的时间用于个别支持，而且讲师也可以把更多精力集中到这些个别支持方面，而不必在每次授课中都要承担全部角色。

当然，这也是有风险的。很多人把重复使用更多劳动力的机会看作是既能保留成果，又能削减成本的机会，而不是寻求在维持成本的同时，去改善成果。我们针对 CS1301 课程采用的模式就存在这方面的问题，在我们开设的班级中，结果确实有所改善，而且人工工作量也大为减少。教师和助教目前开展的工作仍与传统班级相同，但他们的工作核心仅在于改善结果，而不是提供课程必须完成的工作，如评分和创建作业等。我们认为，CS1301 完全是个例外。CS1 的课程内容与自动评分和反馈技术的匹配性几乎是独一无二的，让其他领域难以企及。在几乎所有其他领域，即使不承担传统意义上的课堂任务，教师依旧能继续发挥必要的作用。在这种范式中，关键在于，它可以更有针对性地关注那些确实需教师在场并对学生做出响应的角色，而不是只需有人被动传递内容即可的角色。

总而言之，在不像计算机科学这样难以找到合适教师的领域，分布式课堂范式还有其他优势。第一，利用它对异步性和远程访问的关注，可以把课程覆盖范围扩展到无法参与传统同步同地课程的人群。第二，通过它的可扩容模式，可以降低学费价格，并通过降低财务门槛而进一步为更多人提供学习机会。第三，按照翻转课堂的原则，可以利用分布式课堂为开展个别辅导和支持创造更多时间，而不只是单纯一对多地传播内容。

其他方面

如果能把这些观点完全用于高等教育，或许就已足够了。但我们远比这更贪婪，我们认为，这些想法也适用于 K12 基础教育——而不只是局限于原本无法提供课程的小规模学校。我们最近也关注到对这些观点的需求。在新冠肺炎疫情暴发之后，学校不得不迅速转向远程学习。转变的方法多种多样。有些机构希望尽可能保持正常状态，以同步电话会议课堂代替了面授课堂。还有的机构则采用完全异步的远程教学模式，完成了更彻底的转型。当然，我们也找不到放之四海而皆准的模式。在亚特兰大地区，两所收费高昂的私立学校采取了另一种极端措施：一所学校以电子邮件的方式向学生发送教学视频，而且在当天开始上课之前，学生即可收到当天的全部课程视频；而另一所学校则通过同步会议方式，按最初时间表进行授课。亚特兰大附近的两个大型公立学区则采取了截然不同的方法：一所学校偏重于异步教学，而另一所学校则强调同步教学。但对所有学校而言，这些调整都是颠覆性的，它们与第五章所提倡的班级设计对称性原理截然相反——按对称性要求，矩阵各单元格之间的变化应确保破坏性的最小化。

从表面上看，至少在美国，K12 基础教育似乎并不是分布式课堂教学的典型范例。尽管为扩大招生范围并取得政府资金，基础教育在这方面已出现了巨大改善。但归根到底，基础教育不仅是免费的，而且在美国的所有各州都是强制性的。但能否入学和能否取得预期结果完全是两回事。与同类发达国家相比，美国的基础教育学习成绩处于平均水平。2013年发布的一份报告指出，在美国，基础教育的班级人数远超过全球平均水平。我们可以找到数十份探讨这个现象的书籍和文章。有些人指责美国的教育过于关注考试和标准；有些人把这个结果归咎于学校资金不足，还有人认为罪魁祸首是教育的管理不善和官僚主义。但问题是：分布式课堂怎样才能改善这种情况呢？或者说，在其他国家和地区，分布式课堂如何在总体上改善学习成果呢？为此，我们将重点关注分布式课堂的以下几种潜在优势。

第一，尽管在很多国家，接受K12教育（或本地的类似教育）的机会基本已实现普及，但还远没有做到完全平等。教学质量因地区而异，在各州也有所不同。这不是在指责教师，毕竟，要求教师同时承担太多的职能只会让他们无所适从，反倒不能有效发挥作用。一位能以生动有趣的方式进行现场授课的教师或许无法写出高质量的学习评语；一位能解决学生自信等心理问题的教师，或许不是有效组织课程内容的最佳人选。分布式课堂的部分要求就是要开发高质量的材料，并最大限度地发送给更多的学生和课堂。基于这样的背景，这意味着，对那些擅于创造良好现场课堂气氛的教师，他们可以继续专注于改善和发挥这项技能，因为他们知道，这会有助于他们为更多的学生提供支持。这样，其他教师就可以摆脱为内容知识创造原始来源的任务，转而关注提供高质量的反馈，对个别学生提供支持以及其他需要与个人密切联系的职责。在针对掌握学习法的研究中，本杰明·布鲁姆（Benjamin Bloom）提出了所谓的一对一指导标准，对各种团体教学方法进行比较。让教师从常规性的授课任务中解脱出来，就更有可能把更多的一对一指导重新融入传统教育环境中。

第二，作为分布式课堂教学法的自然产物，更多持久性学习材料也应运而生。用于课堂呈现的内容已不再稀缺。这对所有人而言都是福音，学生可以查阅以前仅限于在现场课堂使用的所有内容。需要牢记的是，学习本身是在社交环境中进行的，因此，课堂上的实时体验必然会受到各种因素的干扰。如果能持续性地提供这些材料，那么，学生就不会出现错过关键概念的问题。可以想象，令人困惑的人际交往问题，或是在另一堂课上刚刚拿到一份糟糕的成绩单，都会影响到学生在课堂上的关注力。对那些因健康问题而难以出勤面授课堂或是本身即存在行为障碍的学生而言，他们很难做到在每个需要专注的时刻都能做到专注，因此，持久性学习材料可以发挥重要的均衡作用。分布式课堂至少可以为现有 SC 学生以 AR 方式"重播"授课过程，仅此一项就足以说明它的价值。

第三，这种动态可以为个别学生带来更大的灵活性。我们不妨假设，一位学生因健康原因而缺课三到四周。在大多数情况下，这个学生可能需要重修全部课程，因为要补习全部错过的课程内容，从根本上说是不可行的。教师不可能拿出大块时间，重新给这个学生讲授四个星期的内容。但如果已对这四周的授课内容进行捕获，补课方案就是可行的。在新冠肺炎疫情暴发后，我们已经注意到这一点。在大卫本人的课堂上，他宣布了一项规定：凡在本学期未能学完全部课程内容的学生，都可以填写一张表格，然后，按已完成的比例给他们一个并不是最终的成绩（相当于我们系统中的占位），并在以后按后续完成情况给出相应的成绩。这样，教师无须投入额外的工作即可给这些学生进行补课：课程视频可以随时获取，而且他的评分团队整个夏天都在工作。引入这种机制，显然给学生带来更大的灵活性。在家中度过疫情最艰难时期的学生、确实需要用更多时间学习内容的学生、意外遭受自然灾害或受当地动荡局势影响的学生以及其他更多的人，都会得益于这种机制所带来的灵活性。

我们在前文曾提及这种方法针对 K12 基础教育而具有的一些优势，在这里，我们认为有必要再次重申。对坐落在人口稠密地区的大型学校，由于有大量学生希望获得这些内容，因此，这些学校可以提供更多的课程和机会。

同样，富裕地区的学生也会有更多的学习机会，这都会增加现有的教育不平等风险。因此，分布式课堂的方法可以在资金更多、规模较大的学校中把握这些机会，进一步将课程扩展到自身条件匮乏的地区。这种方法已在全国各地的众多虚拟学校课程中得到运用，允许学生选择在线课程注册；但这些在线课程往往是专门针对 AR 单元格设计的。按照分布式课堂的目标，这些课程应设计为典型课堂的运行方式，从而对课程的全部体验实现分布，而不仅仅是单纯获取内容。

新兴领域

我们或许错了，我们可能过度简化了 K12 学校面对的制约，或是高估了这种机制改善常规性大学课程体验和成果的效果。分布式课堂或许只是一种针对资源匮乏的解决方案。但这是坏事吗？

尽管我们认为分布式课堂教学法可为现有学生群体带来各种各样的好处，但是在本书的后续部分中，我们的终极目标和侧重点依旧是如何利用这种模式培养终身学习者。如果没有分布式课堂，这些人或许不会继续接受教育，但因为有了分布式课堂提供的机会，让他们得以继续接受教育。因此，纵然我们认为它会给 K12 基础教育和本科教学带来巨大的积极影响，但这并不是我们的主要目标。相反，我们的根本目标，或者说首要目标，是增加全球学习者的人数。

在这一领域，终身学习的概念至关重要，因为当下世界正在以前所未有的速度发生变化。相关研究机构和智囊团估计，到 2030 年，多达 85% 的工作岗位将不复存在。虽然无法获得准确数字，但总体趋势不可否认：人们需要比以往更快地升级和重塑自身技能。全球知名的研究与咨询机构、加特纳集团（Gartner）每年均会发布报告，总结新兴技术及其在整个生命周期中所处的阶段，大量跨行业领域都将在未来几年进入生产阶段，尤其以计算科学领域最具代表性，包括混合现实（MR）、量子计算和智能结构以及其他很多领域，都将进入快速发展期。很多已成熟的传统领域也在迅速变化。与十年前相比，今天的电池技术几乎已完全面目一新。计算能力的提高、通信的增强以及教育程度的提高，都在引发一轮更快的变革。

　　紧随时代步伐，课堂模式也需要比以往更快地发展。在大学情境中，教科书的制作可能需要花费数年时间，一门新课程的开发和开设，可能需要一年时间接受审批，这种情况并不少见。在新内容被正式编入教科书之前，我们需要长时间地让人们学习和接受这些新内容。教育行业对合格讲师的需求在不断升温，但薪酬等方面的诱惑，让他们不愿离开产业去做全职教授；但即便如此，我们仍希望通过专职教师去传授和普及这些能力，满足全社会对这些技能的需求。分布式课堂为实现这一目标提供了途径：高水平的人可以亲自开设并讲授一门课，然后，以他们的现场授课为基础，未来继续为数十万学生提供这项内容——因此，这些学生可以继续现有的工作，追求职业道路的发展，而不是拿出大量宝贵的时间去更新技能。三年之后，需求或许已经发生翻天覆地的变化，于是，再由新的课程取而代之，而新课程的讲师或许就是该领域的全球顶级专业人士。MOOC 模式已经在利用这种模式，其中，吴恩达和塞巴斯蒂安·特伦等预言家级别的大师目前在为成千上万名学生授课，尽管他们的课程已经有数个月或数年没有更新内容，但这些课程未必需要采取 MOOC 模式。相反，完全可以把它们设计为严格意义上的课程，提供有足够吸引力的学位和学分，采用权威的评分和人工反馈，辅之以更有效、更有质量的学习方式以及对学生能力更权威的认定方式。

　　同样重要的是，这不应局限于工作技能。我们的世界正在变得越来越嘈杂，越来越令人困惑。我们不仅需要懂得为量子计算机编程或是设计碳纳米管的人，我们还需要能进行批判性思考的人，能评价媒介呈现的人，或是能理解人类历史复杂交错发展进程的人。我们需要拥有良好教育的人类，尤其是在技术日新月异的情况下，我们需要每个人都持续学习。

　　因此，尽管"微积分基础"和"英语文学"等学科领域还在继续沿用我们熟悉的传统模式，但分布式课堂也为新兴学科的终身学习提供了途径——无论是基于未来工作的特殊需要，还是对未来公民的一般需求。出于这些原因，虽然我们认为分布式课堂适用于大多数能力层级的大多数内容，但我们也坚信，即便是对于少数能力层级或细分领域，它依旧能发挥巨大的影响力。

第三部分

走向未来之路

Chapter Seven

|

第七章
从过渡到飞跃

当谈论在线计算机科学硕士学位课程项目时，我们通常会提到，我们可以帮助学生为获得在线计算机科学硕士学位而跨越的三种障碍：位置障碍、时间障碍和成本障碍。当然，还有第四种最重要的障碍：缺乏参与课程并获取成功所需的必备知识。是什么导致学生不具备这些必要知识呢？这就引导我们再次回到前三个障碍：以往学习所面对的位置障碍、时间障碍和成本障碍。因此，我们需要关注的是地点、时间和成本，了解我们怎样才能克服这些障碍，以更具有普遍意义的解决方案，为缺乏必备知识的人打造更多学习途径。

早期研究表明，如果我们没有开设在线计算机科学硕士学位课程，这些学生也不会到其他学校攻读这个学位。为什么呢？也许在他们的附近，根本就没有大学提供这种课程；或是他们不能离开工作和家庭，去参加同步模式的课程；当然，也可能是因为学费太贵。我们通常把成本这个第三要素作为决定性特征——有关课程设计的文章通常也聚焦于成本。但我们经常会在班级中开展民意调查，以调查学生对这些问题的看法。有趣的是，很多学生指出，时间和地点才是更重要的障碍。有些学生说，如果这意味能采取远程和异步方式学习，那么，他们甘愿为课程支付正常费用。其他在线课程恰恰利用了这一事实，对在线访问收取额外费用，而不是使用在线机制扩大招生人数，以降低平均成本。

考虑到这一点，我们所做出的所有努力与新冠肺炎疫情危机之间的关系，就显得更清晰了。新冠肺炎疫情为远程学习者创造了条件——也就是说，远程学习解决了位置障碍问题，在当下形势下，这不仅值得提倡，而且势在必行。在这轮危机中，大规模向远程学习的过度形式率先出现，但是在进入2020—2021学年后，重点开始转向更多的混合式教学方法。围绕这些讨论的核心也发生了变化，首先是对安全性的担忧；其次，是在本地新冠肺炎疫情暴发的情景下另一种向远程学习快速转换的风险。

分布式课堂为解决这种不确定性提供了一种权宜之计。按照它所提倡的教学模式设计原则，教育体验的设计首先应该摆脱原始实体课堂的制约。回顾我们在第五章讨论的对称性原则，它的目标就是创建一种允许从直播课堂向远程异步课堂方式自然过渡的系统结构。但关键在于，一旦这个权宜之计诉诸实践，其他优势就有可能随之浮出水面。分布式课堂解决了很多迫在眉睫的问题，因此，由此开始，其他障碍似乎不复存在，一个全新的变革性教学模式浮出水面。分布式课堂模式的实施在技术上早已不存在任何障碍，只不过因缺乏具体收益，以至于没有引来大量投资。但随着新冠肺炎疫情的暴发，投资已在多地展开，目前的投资水平足以撬动大规模改造。

在本章，我们试图预测这轮在线教育浪潮的雪球效应。首先，我们看看，如何把分布式课堂的要素运用于可预见的未来。其次，这些新的设计方案如何消除现有的地理障碍，帮助人们逾越这个长期妨碍教育服务普及的枷锁。随着规模经济的实现以及教学团队的高度分布化，克服财务障碍的解决方案随之而来。然后，基于这种规模效应，同步性障碍也迎刃而解。更大规模的学生群组意味着，他们更有可能结成彼此相近的同步学习群组。

后疫情时代

和 2020 年春季学期向远程学习的快速转型相比，2020 年秋季学期的过渡在很多方面会更加艰难。2020 年春季学期是一轮向单纯远程学习的大规模迁徙，而在 2020 年秋季学期，很多学校开始尝试提供某种形式的现场体验。2020 年春季学期的学生似乎更有耐心，这原本就是可预见的，因为教师已经事先得到通知；2020 年秋季学期，可以预见的是，学校会有更多时间为学期做准备。在高等教育领域，2020 年春季学期的学生已缴纳了学杂费。2020 年秋季学期则让所有大学陷入困境，或是需要为不确定环境下收取正常学费找到充足的理由，要么在收入已经暴跌的情况下继续削减学费。

毕竟，在确保为学生持续提供入学机会方面，大学在 2020 年秋季学期所面临的任务是不确定的。有些学生根本无法进入校园。在任何人都有可能感染病毒的情况下，所有教职员工和学生都要面对自我隔离的风险，在此期间，他们仍需继续授课或是听课。万一当地疫情暴发，整个学校都需要做好向远程教育过渡的准备。所有这些问题都需要适当安排并制订应急计划，这也是我们首先要讨论的话题。

出行限制

首先，在新冠肺炎疫情暴发后出现的最大担忧就是对出行的限制。为遏制疫情蔓延，各地签证处已陆续关闭并签发旅行禁令，海外留学生（无论是新入学学生还是暂时回国的在校生）都有可能无法返回校园。如果没有远程方案，这些学生将被迫在整个学期休学，从而减慢了他们的学习进度。此外，休学一学期不仅会减少大学收入，还会带来财务补贴方面的问题。因此，接纳这些学生的唯一选择，就是远程学习。

对那些从一开始就完全采取远程学习的学校来说，学生的入学问题似乎已得到解决，但他们依旧要面对一些小问题——比如说，当学生分布在不同时区时，自然会出现选择上课时间的问题。但是对于那些力争包含面授内容的学校，接待纯远程学生显然需要学校进行额外的投入。当然，学校可以为远程学生提供专门的远程班级，帮助他们顺利完成学业并最终取得学位，但是，筹备这些需要保持社交距离的混合式课程必然会给教职员工带来额外的工作量。

另一方面，在设计混合式课程时，也可以有针对性地考虑远程学生的需求特征。正是在这样的背景下，佐治亚理工学院国际教育办公室发布了新的教学指南，即，所有混合式课程都应确保是海外远程学生能合理完成的："在教学单位向这些学生提供混合式课程时，讲师应允许学生以远程方式参与，比如非现场出勤要求、异步授课和在线提交作业等。"从分布式课堂的角度出发，实质上，这就相当于要求为所有混合式课程创建 AR 模式的课程体验。不同于并行的在线体验，这种措施充分利用了现有的混合式课程，为分散的学生群组提供了参与条件，但这也需要从一开始就考虑到分布式课堂结构的特征。

缺席

这些国际学生（以及其他无法完全返回校园的人）通常会在整个学期处于同一种状态，这就在某种程度上简化了他们的学习计划。但对那些亲身参加混合式课程的学生而言，情况就并非如此了。首先，按新冠肺炎疫情时期的特殊要求，大多数混合式模式每年只允许一小部分学生进入课堂，以维持必要的社交距离。这意味着，对大多数班级而言，大部分学生需要"缺席"——至少不能现场出勤。即使有足够大的课堂容纳所有在校生，但仍会有部分学生因存在接触风险而需进行自我隔离。这些学生需要跟上课程进度。还会出现学生本人生病的情况，而且这种情况在目前可能会远远超过正常学期。不管出于什么原因，这些学生都需要一种维持正常课程进度的机制。

总体而言，目前的情况远比单纯接待远程海外学生要复杂得多：不管是社交距离措施造成的可预见缺席，还是因不可预见接触或疾病造成的未知影响，都需要确保学生在一段时间内进行远程学习。因此，在设计课程体验时，需要考虑到学生在这些方式之间的迅速切换。这种转换可以通过分布于 SC、SR 和 AR 单元格之间的课堂完成：对那些有幸能在某一天出勤现场课堂的学生而言，他们所接受的学习属于同步同地模式；对那些不能参与现场课堂但可以在同一时间上课的学生——比如正在自我隔离或是无法满足社交距离要求而无法参与群体学习的学生，他们采取的同步远程模式；对那些因疾病或时区不同而只能随后抽时间进行学习的人，则对应于异步远程方式。如果学校从一开始就全部采取远程模式，可以认为这些课程属于 SR 和 AR 单元格，具体取决于课程是否包含同步要素。

导致情况更复杂的是，教师自己因隔离或生病而不得不远离课堂。在这种情况下，他们可能需要进行远程授课，或者寻找他人代课。如果可以远程授课，则后者的任务也同样会容易得多。例如，在佐治亚理工学院的 2020 年夏季学期，担任校内"机器学习"课程的教师不得不在学期中间休假。由于该学期的课程本身就是在线开设的，这就意味着，我们可以迅速从科罗拉多州招募一名校友，与校内教职工合作完成该学期的后续课程。因此，不仅有某些学生会在整个学期处于远程状态，很多学生和教师都有可能随时进入远程模式，这种情况每周都会发生，而且毫无预测性。

完全过渡

最后，在 2020 年秋季的整个学期，向完全在线授课模式紧急切换的威胁始终隐约可见。有些学校要求教师制订应急计划，以便于在必要的情况下，可以迅速转换到远程模式。实现这个要求最简单的方法（尤其是基于上述要求），就是对大部分课堂进行在线嵌套。如果班级课程已经直播并完成录制供以后查看，那么，在以远程教学代替现场教学时，可以最大程度减少实际进行的调整，因为无论采取何种方式，内容已经保存在远程媒介中。因此，转换的对象只是内容的来源，但课堂的结构和分布式习惯基本保持不变。

其他学校也对这种威胁做出了反应，至少在 2020 年年底，他们就已开启远程教学，或是为开展远程教学做好准备。这就解决了很多问题，尤其是学生和教师的健康安全同样得到了保障，还有面授学生和远程学生之间的公平性问题也得以解决。但这种设置下仍存在一些问题。当学生脱离校园环境时，他们获得技术支持的机会可能千差万别。对很多远程学生而言，同步远程课堂的要求（如高速带宽互联网、对技术的可靠接入以及始终舒适的学习场所）可能无法满足。此外，接纳很多海外学生的学校还会遇到日程安排问题：如果 15% 的学生已返回亚洲，而且在整个学期无法回归校园，那么，同步课程应安排在什么时间呢？当然还有其他问题：为执行社交距离措施或是需要对某些学生进行隔离时，他们可能无须错过远程课程，但个人生病仍会让他们错过课程。

转向全远程学习带来的另一个问题是成本：学生是否应为在线体验支付相同的学费？这是一个名副其实的潘多拉盒子：如果我们接受在线体验属于低档体验的想法（因而只配得上较低的学费），那么，我们就会产生某些疑问，比如说，它是否应采取相同的学时数、相同的学分或是相同的学位，等等。我们已经意识到在线计算机科学硕士学位课程的学费问题。很多人猜测，低学费是因为我们的课程质量较差，而实际上，低学费只是因为我们利用规模经济和降低前期开发费用的结果。我们之所以希望引入同步和共地特征，在很大程度上是因为学生希望获得这些特征组成部分，但他们发现，指导和考试环节完全等同于面授体验。为了在不引起大量其他问题的情况下转向全远程教学，远程教育就必须达到和面授教育同样高的质量。

在全面考虑这些因素之后，2020 年秋季的课程开始向 SC、SR 和 AR 单元格实现大规模分布，兼顾不同需求的学生：能参与面授课程的学生、能以同步远程方式上课的学生、需要以更大的弹性参与异步远程课堂的学生。我们在第五章介绍的机制就是以传统课堂作为基础创建分布式体验，从而以少量的额外投入实现这个目标。

位置障碍

由于新冠肺炎疫情的暴发，学校开始大力创建我们所说的这种分布式课堂。我们当然不是想说，所有人都应该接受这些说法，相反，我们只是想表达，他们的措施实际上恰好适合分布式课堂矩阵。眼下的问题是，在完成落实分布式课堂的工作之后，它还会带来其他哪些影响？我们看到，这些障碍会像多米诺骨牌一样轰然倒塌，我们攻克的每个障碍都在帮助我们攻克下一个障碍，而且有些障碍可能会同时消失。但是为明确起见，我们不妨逐个进行探讨：首先是位置，而后是成本，最后是时间。

对其他远离大学校园的人群来说，哪些要素是他们的学习障碍呢？在这个情境下，距离首先是指地理上的距离；其次，即使学生生活在大学附近，但其他障碍也可能阻止他们进入课堂。不过，障碍也可能不是严格意义上的物理条件；有可能是大学校园中现实存在的其他问题。我们不妨看看部分因高质量远程访问而取得相同课程和学分的学生，在这种情况下，远程教育给他们带来的影响是积极的。

非本地学生

得益于这种设置的第一批、同时也是收益最明显的学生群组就是非本地学生。这个词的含义主要是为了和远程学生相区分。在这里，远程学生实际上有可能居住在大学附近，只不过是以远程方式完成学业，而不是到校内进行学习。例如，很多参加在线计算机科学硕士学位课程的学生就生活在亚特兰大地区，但为了克服时间和成本方面的障碍，他们仍采用远程方式进行学习。因此，"非本地学生"主要是指海外学生，但也可能包括生活在大学所在国家但因距离远而无法进入校园的学生。

从表面上看，这些学生和不得不切换为远程学习的在校生没有区别，但也存在一种明显的例外情况。采取远程学习的在校学生最初曾申请面授入学，并得到学校批准，从而计划以面授形式进行学习。对这些学生来说，即使暂时不考虑学费（我们将在下一节中探讨费用问题），为接受大学教育而来到另一座城市显然不是一件轻而易举的事情。他们要承担搬迁费用，而且学校到学生居住地的距离越远，搬迁费用会随之增加。此外，与家人分离还会带来情感损失。有些学生可能是家庭的支柱，他们要承担重要的赡养义务，如果接受大学教育而搬到另一个城市，可能会让他们的兄弟姐妹或年迈父母无法得到充分的照料。很多人之所以没有申请入学学习，是因为他们很清楚，即使被录取，也无法到校园内去学习。但这些人往往也是教育的最大受益人群。分布式课堂为这些不能走进课堂的学生带来了同样的内容和课堂体验。同样的受益者，还有那些原本就无法获得亲身体验的人。

残障学生

在美国，《美国残疾人法案》要求残障学生享有与普通学生相同的教育资源。但是，同样的使用权并不意味着他们能同样便捷地使用。直行坡道和电梯可以让使用轮椅的学生进入所有区域，但毕竟需要他们付出额外的努力。患有平衡障碍的学生可以借助辅助设备在校园内活动，但这显然需要他们消耗更多的体力。这些困难相互叠加，构成影响残障学生进入校园的最大障碍。其他残疾或慢性疾病也会导致学生经常缺课。这些学生可能认为，他们之所以不能进入大学，是因为他们很清楚，他们无法承担保证出勤所要求的时间和体力。

精神残疾和行为障碍同样会给传统意义上的出勤造成很大影响。例如，患有注意力集中障碍的学生可能会发现，在嘈杂喧嚣的课堂上，他们很难集中注意力。在不熟悉、不适应的环境中，患有焦虑症的学生则可能会发现，他们难以保持良好的学习状态。

　　有趣的是，身份和自我认知也是在线教育中不可忽略的一个因素。在从事在线教育的这些年中，我们曾进行过数十次对话，探讨如何创造适用于不同类型学生的情景。对很多人来说，他们经常要面对的一个问题就是围绕工作和家庭等外部因素规划自己的学习。但也有意外因素。一名学生曾对我们说过，她非常感谢这项计划，因为作为一名患有呼吸系统疾病的肥胖女性，她始终觉得，人们在和她的面对面交流中缺乏真诚。但是在网络上，她就不必考虑外表对互动的影响。在一次毕业活动中，我们曾见到另一位口吃非常严重的学生，他后来向我们透露，这也是他决定退出另一门研究生课程的主要因素。但是在在线课程中，他的表现非常出色，丝毫没有出现面授课程中的那些问题。尽管这些问题不会带来影响出勤率的有形障碍，但还是会影响到学生的学习体验，因而成为学习障碍。

　　但是对这些问题学生来说，远程访问消除了他们在学习体验上遭遇的主要障碍。当然，这并不是一个完美无缺的解决方案：患有注意力集中障碍的学生可能会发现，音频或背景对话更让他们分心；在乎外表的学生或许仍会觉得，同步课堂环境中的互动让他们难以招架。实际上，还有许多因不能参加面授学习而只能选择远程环境的人。

非典型群体

　　工程或计算机领域（或是在女性尚未成为主要参与者之前的医学或法律界）的女性成功案例中通常会出现这样一句话，"尽管是课堂中的唯一女性……"虽然这些成功的故事令人折服，但我们必须承认，如果意识到自己可能是一门课中唯一的某种性别或民族的人，很有可能会对你是否选择参加这门课带来严重影响。当一个领域存在明显、普遍的身份特征时，如果你不具备这些身份特征，那么，你自然会对是否应该进入这个领域犹豫不决。

　　异步环境为此提供了某些缓解措施：对于自己呈现在其他同学面前的外表，学生本人当然有更大的控制权。一名非裔美国妇女会意识到，像她这样

———

的学生在计算机科学班级中肯定如同凤毛麟角，因此，她可以为给自己选择一个虚假的化身和头像，而不至于泄露自己不想分享的身份特征。在某些软件工具中，她甚至可以采取最极端的做法：对所有同学完全匿名。因此，当学生处于在线情境下的时候，如果因某些人口特征而担心缺少归属感的话，那么，学生就会更有针对性地、以更可控的方式对其他同学屏蔽这些信息。显然，这种选择在现场环境下几乎是无法实现的。

那么，这种影响到底是假设，还是现实？这很难回答；在我们的在线计算机科学硕士学位课程中，少数族裔学生的人数确实是相同在校课程中少数族裔人数的两倍，但同样与在校课程相比，女性在线学生的数量则减少了一半。实际上，这些趋势往往与其他因素交互影响，因此，我们很难把这些现象归结于任何单一要素。少数族裔学生之所以更有可能报名在线课程，可能是因为在线方式有助于规避"房间里只有一个这样的人"的影响，抑或是课程灵活性与招生政策包容性让这些学生尤为受益。对女性而言，在线环境模糊了性别差异，因而也弱化了对女性的世俗歧视，当然抑或有其他方面的原因，比如说，尽管"国内"学生与"国际"学生的性别比例与校内课堂应趋于一致，但国内学生的比例偏高会导致总体性别比例出现倾斜。

但这种机制也有它的问题。同样，要扭转这些偏见，我们首先需要明确，这些数字或趋势本身并不精确。在CS1301课程中，我们看到的现实是，尽管班级中的男女学生数量完全相等，但女性显然更愿意选择以匿名形式在班级论坛上发言。所有学生都认为，班级似乎应该由男性主导，而这种印象又会强化这些偏见。因此，在线课程的优势不容置疑，但同样不可否认的是，有很多人选择在线课程，或许只是因为在线课程让他们感到更舒适，不会让他们觉得自己像个陌生人。

成人学习者

如前所述，促进终身学习是分布式课堂的终极目标之一，因此，成年学习者是这种方法的主要用户群体之一。成年学习者往往是非本地学习者，因此，他们自然要面临同样的障碍：他们不可能只是为了参加研究生课程便举家搬到另一座城市。此外，成人学习者还要面对其他障碍，而且最初的主要障碍到底是时间，还是地点，恐怕他们自己可能也说不清。例如，让一个成年人为了学习而休假一年，这在现实中可能吗？除了承担学费之外，他们还要放弃一年的工资收入。在这种情况下，这种障碍到底属于位置障碍还是时间障碍呢？实际上是兼而有之；手头的工作要求他们必须在某个时间身处某个地方，因此，他们需要以另一种教育方案解决这两个问题。

在目前还不是学生、但未来有可能成为学生的潜在群体中，成人学习者构成了很大一部分。从公平角度看，吸引上述群体加入学习者的行列非常重要，但这不太可能给入学率带来明显影响。毕竟，一半以上的美国人口年龄在 25 岁至到 64 岁之间，这个年龄段通常处于大学时代之后和典型的退休年龄之前（但终身学习不应该以退休为终点）。2018 年，美国有近 2000 万大学生，但年龄在 25 至 64 岁之间的人口数量则接近 1.5 亿。全球范围的人口特征数据基本与此相近。

因此，大学应从根本上扩大招生范围，避免带来高等教育集中化的副作用。如果把每个成年人都变成潜在学习者，那么，大学就可以在规模上增加 1 倍、2 倍或是 4 倍，而不至于导致大学之间为争取生源而展开恶性竞争。这个潜在学习群组已经为成为真正学习者做好了准备，而新冠肺炎疫情对在线教育的需求则为他们搭建了一个完美的平台。

成本壁垒

在我们开设的在线计算机科学硕士学位课程中，每学分的学费为 180 美元。毕业需要修完 30 个学分。每个学生需要每学期注册一次，此外，他们还要支付 300 美元的学杂费。因此，在不考虑重修的情况下，全部课程的总费用在 6900 美元（五个学期，每学期两门课）到 8400 美元（十个学期，每学期一门课）之间。相比之下，在线计算机科学硕士学位课程的面授形式对本州学生的学费超过在线课程的 3 倍（586 美元/学时），而对州外学生的学费则超过 6 倍（1215 美元/学时），每学期的学杂费用也相当于在线课程的 3 倍。在华盛顿大学，学生需要为每学分支付 1015 美元，在修满全部 40 学分的情况下，学费总额比我们的在线计算机科学硕士学位课程高出 7 倍多；在普林斯顿大学为期两年的全部课程学习中，学生每年需支付 53890 美元，费用总额超过在线计算机科学硕士学位课程的 20 倍。在 2018 年《美国新闻与世界报道》公布的计算机科学课程排名中，佐治亚理工学院排在华盛顿大学和普林斯顿大学之间。

这种差异是如何形成的呢？部分原因在于规模经济。在 2020 年秋季学期，我们招收的学生超过 1 万名，每人每学期的平均课时数为 1.3 节。凭借这些资源，我们可以投资更复杂的自动评分系统，并与行业合作伙伴在评分、监督、作业提交等环节开展合作。但成本的节约并不完全来自规模经济。在线环境的另一个基本特征是，增量成本均为可变成本，而非固定成本。虽然在把固定成本分摊到每个学生的身上之后，可能会显得微不足道，但这需要以招收大量学生为前提。相反，按照我们对线性扩容的设想，为学生创造课程资源与他们支付的费用同样呈线性关系。因此，我们可以计算出每招收一名学生应承担的助教、学术顾问和软件许可等费用，而且还要考虑他们的个人费用。这就弱化了对规模的要求：无论招生规模如何，开设课程都是可行的。

结合之前的分析结果，我们可以采用三管齐下的方法，降低分布式课堂的财务成本。首先，我们可以通过课堂捕获之类的措施，尽可能地利用现有课堂体验。这就降低了制作课程内容带来的固定成本，并让在线课程的体验更接近于真实课堂。其次，我们认真记录增加每个学生所带来的增量费用，并确保他们支付的学费能覆盖由此导致的成本增加。然后，我们将收费结余投资于因规模有限而无法实施的举措或工具。我们认为，这与我们目前制作课程材料的方式有关，尽管我们并无意提倡这种模式：每门课程的开发成本超过 10 万美元——这无疑是一笔巨大的开支，但只要这门课能在 2 年到 3 年内的每个学期内均能招收 200 名学生，这笔费用就完全是合理的。

正是在这种情况下，我们开始注意到这种雪球效应的出现。消除位置障碍，从根本上增加了对这门课程感兴趣的学生人数。随着潜在学生数量的增加，我们可以计算出规模经济带来的学费下降。当学费下降时，需求会进一步增加。当然，规模经济是有限的，也就是说，实现规模效应的前提，就是确保学生缴纳的学费能覆盖他们所带来的费用。但由于增量费用属于可变费用，而非固定成本，因此，通过在线课程的设计，可以让我们直接实现这个目标。当然，我们还要以思辨的态度看待历史：我们的课程一次性解决了全部三个障碍，而且我们当初并不清楚，如果在最初收取较高学费并随着入学人数增加而减少学费，到底会发生什么。但这门课程的经历足以让我们可以相信，解决位置限制会有助于解决成本限制，反之亦然，这就形成了一种实现课程可持续的共生周期。

在我们的设计中，还有一个更值得关注的方面——我们的低学费采用的是一种"一刀切"方式，所有学生需要为每堂课支付 540 美元。这是有道理的，因为按照我们的费用模型，所有学生都应该承担相同的费用。但一定要这样做吗？比如说，在尼日利亚，一年的学费约为 160 美元。这不仅远远低于我们的学费，甚至还远低于"价格合理"的 MOOC。但在线计算机科学硕士学位课程提供的内容显然是尼日利亚的大学无法提供的。这些学生是否在为学业承担了不相称的高成本呢？不一定。由于当地条件有限，有些增量成本也可能会减少。在尼日利亚，雇用本地助教不仅会降低学生为弥补费用而需支付的金额，而且还可以在课程材料中注入本地情境。本地助教可以针对本地问题开展讨论。在尼日利亚，针对本地有需求但因缺少教师而无法开设的课程，本地大学甚至可以通过合作开设这门课程，并采取本校规模的学分和学位制度。毕竟，这些材料是随时可用的。因此，允许新学校重新使用这些教材，自然不会招致额外的费用。

在整个模式中，我们应始终明确的是，我们从未假设，当前就读一所大学的学生会选择去另一所大学。相反，我们假设，如果能得到合适的材料，而且价格合适且有适当的灵活性，那么，就有可能把潜在学生转变为真正的学生。并且我们认为，合适的内容、合适的价格以及合适的灵活性，这三个要素是可以并存的。

时间障碍

第三个障碍体现在时间上，实际上，针对位置障碍的解决方案已经以某种方式解决了这个问题。通过流媒体服务及文件上传等方式，可以让内容实现永久的可使用性，在这种情况下，远程访问内容是自动发生的。如果已经把某一堂课纳入到 SR 单元格（直接在电话会议中或是从 SC 班级进行直播），那么，我们要做的事情，就是点击"录制"，为以后的 AR 版课程创建基础。但回想一下我们在第二章给出的定义，分布式课堂的内涵不仅在于课堂，更重要的是分布。课堂本身包括实时互动，即使学生需要通过异步方式才能上课，但他们依旧渴望获得互动。尽管上述设计或许可以解决访问方面的问题，但却在等效性方面提出新的问题。异步课堂恰恰缺少我们试图扩展的同步性互动。

然而，通过消除这些障碍而实现的扩容，则为这个问题提供了解决方案。随着越来越多的学生注册一门课程，利用共享学习机会而结成学习群组的可能性也大大增加。按照学生创办的课程复习网站，CS7641 课程每周需要学习约 21 个小时。每周总共有 168 个小时。如果班上有 800 名学生，按学习时间的分布率（21/168＝1/8）——即，学生进行学习的时间在一天内平均分布，那么，任何既定时刻在班上学习的平均学生数量为 100 人。考虑到大多数学生在工作日需要上班，因此，我们可以适当缩短学生可以进行课程学习的时间段。

我们认为这种方法是应急性同步解决方案。之所以会出现同步性，并不是因为我们告诉所有人"上午 9 点半来这里"，而是因为这些数字是确保在同一时间可参与课程的学生数量。因此，我们的任务就变成了为证明并实现这种应急同步性创造环境。

这不只是一个假设，在一项讨论同步悖论的研究中，我们还招募了一批愿意参加同步活动的学生。我们招募了 120 名志愿者，并让他们选择可参加这些课程的时间。我们只需要通过五次活动即可满足这 120 名志愿者的安排：包括四个工作日的晚上和一个周末。这样，我们就可以通过不同于位置和成本障碍解决方案的方式解决时间障碍：不是消除约束，而是找到足够数量面对相同约束的其他人，并按他们的时间安排设计活动，从而消除了时间限制的影响。

这在实践中如何实现呢？现实中可能存在诸多模式，它们对学生可投入时间的期望各不相同。在期望值最低的方面，我们可以借用电影院做类比：上课时间按固定的时间安排，学生可随时进入课堂，选择自己想参与的任何一堂课。喜欢聚在一起的学生群组可以设计集中学习时间，就像几位朋友可以选择一个适合所有人的时间，一同去当地电影院。或者，我们也可以借用 Pokemon Go 或其他在线游戏采用的模式：在任何时候，都会有一部分学生想上课，只要想上课的学生人数达到临界数量，就可以为这个学生群组开课。总而言之，这或许和我们假设的传统模式并无不同：同一门课程可以设在几个时间，这样，在学期开始时，学生可以在注册系统列出的时间表中，选择适合自己的上课时间。

把这些措施整合到一起，我们即可创建一门课程，任何掌握必备知识和技术要求的人都可以注册这门课程，与其他同学共同参与实时课堂，完成正规考试，并由真正的助教给出成绩和反馈，并最终取得一定的学位学分。那么，缺乏必备知识的学生会怎样呢？我们没有理由把他们排斥在这个模式之外。随着位置障碍的消除，会有更多的学生获得学习机会。随着更多的学生获得学习机会，规模经济效应的改善可以让价格与增量成本实现匹配；而价格的下降，则会让更多的学生获得学习机会；当更多的学生加入学习行列时，找到志同道合者并结成学习群组的可能性也随之增加，从而实现课堂体验的真实性。作为应对新冠肺炎疫情的权宜之计，课堂捕获和混合式课程等措施呈现出爆发式增长，并迅速成为一种适合任何人、任何地点和任何规模的新教育模式。

第八章

分布式校园

上一章讨论的一个关键点在于，我们着力拓展的是教育体验中的某些要素。我们希望能扩大真实课堂体验的覆盖范围，为更多潜在学习者提供相同的内容和学位。当然，还有相应的考试及学术道德验证。但教育的内涵不应局限在课堂上发生的事情，那么，分布式模式还要考虑哪些要素呢？

多年来，教育界始终流传着这样的预言：高等教育正在趋于"分拆化"（unbundling）。简而言之，在这种情境中，分拆是指将把高等教育分解为可以单独选择并重新组合的构成要素。这个要素通常指学分，学生可以轻松地通过多个学校的课程获得学位，但也可以指对其他边缘服务的分拆。如果学生不需要某些要素，那么，他们就不需要参加针对这些要素的课程，当然也就无须为此支付费用。在某些环节，这会消除成本，比如说，不在校内上课的学生，就无须为校内设施支付费用，除非这些设施被用于分布式课堂。这种情况尤其适用于成人学生，或者说，无须像传统学生那样住在校园内的终身学习者。这种变化正在出现，据估计，3/4 的本科生符合我们可认定为"非传统"模式的若干标准之一，例如，在入学时维持全职工作或是延迟接受高等教育。在其他领域，分拆可以为部分分布性学生提供更好的待遇：校园服务通常以全日制学生为中心，但是，如果把这些服务从更广泛的校园环境中分拆出来，就可以为远程学生量身定制相应的服务。

分拆带来很多令人兴奋的前景。可分拆的高等教育体验允许学生利用不同大学提供的课程，以动态方式构建自己的课程。在 K12 基础教育层面，分拆或许有助于把需求旺盛的补偿性课程推广到无力独立开设课程的学区。但分拆也带来了巨大风险：分拆措施通常源于私有化行为，但私有化并不总是以学生利益最大化为主要动力。分布在全国各地的特许学校，就是一种从更广泛的学校体系中分拆个别学校的做法。这种做法可能会产生积极的效果，譬如，促进本地参与以及对试验和创新的鼓励，但也会有人以此为借口，把教学外包给业绩不佳的远程公司。

我们在这里探讨分拆这个话题的原因，是因为它在某些方面也是实施分布式课堂所带来的自然结果。当学生在空间和时间上处于分散状态时，会让教育企业的很多要素缺乏合理性、可行性或相关性。在某种意义上，从其他所有课程汲取学习体验的想法是可取的：学生为什么会觉得，只有住在宿舍并在周末参加足球比赛，他们才是"真正"的学生呢？对那些每周会有 5 次到校园的学生，为什么还要求他们去参加学生社交活动呢？那些没有去过校园的学生，他们为什么要为自己从不使用的校园交通和技术承担费用呢？

但从基本理念上说，这实际上与我们设计分布式课堂的一贯目标背道而驰。多种原因促使我们经常提到，保留现场课堂体验是必要的。因此，我们对不同的单元格进行设计，以体现可能采取的各种潜在折中方案，迫使学生在尽可能减少内容损失的情况下，保留尽可能多的原始体验。那么，是否不应把这个理念用于校园呢？校园体验对某些学生而言并不重要，但是对那些以校园体验为主要教育形态的学生来说，这些措施可能会削弱校园体验。即使对那些与校园完全无关的人，在校园内也可能存在适用于分布性学生的服务。为了与分布式课堂的理念保持一致，在权衡校园环境的各种组成要素时，我们应要求学生只放弃他们不需要的部分，而不是强迫他们进行非此即彼的选择。

诚然，现代教育综合体确实可以解决很多问题，但是当学生脱离同步同地学习环境时，很多要素就自行消失。从幼儿园一直到研究生院，目前的学校和大学必须在餐饮服务方面投入大量精力，但对于分布性的学生群组，或许不存在这个问题。对这个系统中的很多要素来说，当学生处于远程和异步状态时，这个需求依旧存在（甚至有增无减），但以往满足这个需求的机制或许已不再奏效。从兄弟会、社团、服务组织到学生俱乐部，很多校内组织都在承担着重要的社会责任，但这种角色并不能自然而然地转移给分布性群体。这并不是说，分布性受众不需要以学术为基础的社交关系，相反，我们只是想说，高度嵌入于同步、同地校园环境中的现有机制很难实现转移。

我们可通过多种方式分析这个问题。首先就是分拆化，它可以免除我们提供某些服务的义务。譬如，在把教学从其他教育机构的其他任务分拆之后，有些原本应独立存在的服务将不复存在，但其他服务会填补我们遗留下来的空白。如果读者想了解这个观点，我们建议阅读有关教育分拆话题的其他大量书籍和文章，这并不是我们准备采取的观点。相反，我们可以采取对各个要素逐一讨论的方法，以针对在线群体设计的等价要素，逐个替换我们认为仍有必要的要素。从很多方面看，这就是我们借助于在线计算机科学硕士学位课程所做的事情：我们对很多过程采取了相同的工作流程和部门设置，始终致力于最大限度地再现原貌。

但是在本章里，我们希望采用第三种观点：总体而言，我们的问题就是，如果将分布式课堂扩展为分布式校园，会发生什么？无论是对于课堂体验还是整体校园体验，如果要想让学生付出最小的代价，接受最小的牺牲，这需要我们怎样做呢？

在这里，我们还不能说我们有很多具体方案。分布式课堂本身就来自于我们所看到的大量现有的小规模行动及其可以把它们统一为一个共同愿景的观点。分布式校园更像是一种思想试验：人们可能已经在某些领域开始尝试，只不过我们关注的教学只是自己的学校，因此还不熟悉这些领域。我们的目标不是回答分布式校园可能是什么，而是要实现两个目标：首先就是要保证，在实现课堂分布化的情况下，应尽可能地保留校园情境的其他积极特征；其次，敦促大家在打造自己的分布式课堂设计时，要充分考虑这些因素。

为解读这个想法，我们将讨论三种创建虚拟校园的基本愿景，而且这些愿景的内涵远不止于提供远程课程。当然，我们不应认为这些愿景会像分布式课堂架构那样规范明确，相反，我们只想为创建更接近校园的分布式环境提供总体指南。

远程校园（remote campus）

创造分布式校园的第一种方法并不陌生：在很多方面，它类似于拥有多个校区或是提供海外学习课程的大学。这些方法被称为"卫星"校区或"分支"校区，在过去的20年里，技术的进步简化了很多不同部门（如助学金、录取和注册等）的管理，这些方法实现了显著增长，对区域性大学而言，这些校区的最大增长出现在本地的卫星校区方面，譬如，纽约州立大学已拥有了64个校区，尽管校区远离城区成为一种大趋势，比如卡内基—梅隆大学在加州山景城开设的西海岸校区。

在这些方法中，很多学校实际上并没有实现分布式课堂；相反，他们分发的只是某些辅助性服务。这虽然扩大了大学的覆盖面，但或许无法解决在不同地区开设某些课程所带来的挑战。之所以说设立新校区是一项艰巨的任务，是因为这不只是要重建校园服务，还要重建课程内容在本地的交付。当然，我们并不是说，不存在更关注于提供远程课程内容的校园，只是说，它们始终尚未成为开设新校区的核心目标。

因此，我们构思一下，如何从零开始，构建一所既支持分布式课堂，又能履行上述职责的校园。我们把这样的校区称为"远程校园"，而不是卫星校区或是分校，以强调这些校区可能具有的独立性，尽管它们会在教学上与原始体验保持联系。

提供全方位服务的远程校园（full-service remote campus）

首先，我们可以想象一个提供全方位服务的远程校园。这个远程校园将提供与原始校园相关的所有服务和设施——拥有本地学生的住宿和就餐设施、本地娱乐设施、当地会议设施、本地学生团体和社会组织，等等。校内有学术顾问和职业咨询师，他们不仅提供学校必需的关键服务，由于生活在本地环境中，因此，他们很清楚本地存在的限制和机遇，从而为学生提供更有价值的建议。

在这种安排下，本地课堂可以和亚特兰大校区的课堂建立紧密联系，通过远程设备，可以把课堂的墙壁变成远程班级的现场直播，让远程班级更像是亚特兰大课堂的延伸。讲师可以在不同校区之间轮流进行现场授课，充分体现第五章所述的对称性原则：讲师的现场授课地点从一个校区转移到另一个校区，使得两个校区的课程体验从根本上没有任何不同。学生的学费可能也和当地消费水平相对应：顾问、辅导员、助教和设施均来自本地，而且很多内容分布工作已在进行中，这就减少了新校园的直接费用。因此，这些教育成本费用可由当地学生承担。

最重要的是，校区内的人员大多来自本地，可以确保内容的呈现在当地文化和需求背景下完成，这对国际校园而言尤为重要。按照这样的设计，分布式校园只需提供使本地校区处理剩余体验环节所需要的最少内容。这样，分布式校园的核心便转化为扩大办学范围和入学机会，而不是单纯地提高影响力，将海外学生纳入到自己的影响范围内。

精益化远程校园（lean remote campus）

全方位服务远程校园非常适合于人口聚居中心，但它适合人口相对较少的地区吗？对于这样的地区，精益化远程校园或许更符合要求。精益化远程校园的特征不仅在于拥有实现高保真分布式课堂所需要的物理环境，尤其体现于校园生活的社会方面——因此，它更适合把培养个人独立性和成长性作为大学体验重要组成内容的本科学生。

按照这种模式的目标，一方面，可以把一栋公寓楼变成一个容纳数百名学生的分布式校园。采用四五间房间为远程教学提供现场授课地点，这样，学员就可以在这些教室内采取与主校园课程同步或异步的方式上课。与此同时，在公寓楼内，还可以设置一些简便的现场娱乐设施，如健身室和娱乐室等。另一方面，以主校区的公共区域为主为这些学生开展社交聚会和团队项目提供空间。

但除这些功能之外，其他大多数支持性结构仍可通过在线提供。由学术顾问和职业咨询师组成的核心团队可以为若干精益化远程校园的学生提供支持，而且无须为所有课程设置本地助教。某些价格不菲的设备可能不适合直接部署到这些精益化远程校园，毕竟，这里的学生数量有限，由此会造成设备利用率不足。但是在设计这些校园时，完全可以让它们仅针对于某一门课程，例如，某个精益化远程校园只接受对机器人技术感兴趣的学生，这就有理由为该课程采购专用设备，而不考虑其他课程或技术所需要的设备。

私立远程校园（private remote campus）

暂时抛开核心园区，不妨设想一下，把远程学习的一般性概念推广到另一种远程模式——私立远程校园，毫无疑问，这绝非不可行。尽管私立远程校园将保留集中管理的某些特征，但是大学完全没有独立为这样的学校提供支持。相反，可以由其他实体为他们采购设施、出租房间并招收对特定远程课程感兴趣的学生。

从很多方面看，这种模式类似于典型的私立校园公寓——出现在大学城或大学集中地区的大型综合设施，例如，佐治亚理工学院附近的几个街区内，就分布着至少六所针对学生的私人公寓。但是对私立远程校园而言，这些公寓无须与大学的本地背景相联系。例如，某个机构可能会向学生推销一所私立的精益化大学校区，该校区所在地段风景优美，且生活成本相对较低。在这里，学生既可以参加负担得起的远程学位课程，又能降低生活费用。从参与课程的角度看，这些学生可能属于典型的远程学生，但提供课堂体验的组织可以配备自己的教学顾问和教学支持人员。尽管这些人没有在学校本身担任任何正式职务，但是在为学生提供的服务中，他们是不可缺少的一部分。这种模式与高等教育的分拆思路最为相似：私人组织介入教学，并承担起大学的某些基础任务——如校园餐饮和住宿，但他们所承担的职责还远不止于此。

应急性远程校园（emergent remote campus）

但尤其值得注意的是，在这种模式下，中央管理机构甚至也不是必要的。在提供全方位服务的远程校园、精益化远程校园和私立远程校园模式中，都假设由一个中央机构负责设施安排和招募学生，但是，学生能否独立组织自己的本地校园？我们把这种方式称为应急性远程校园：学生已经被远程课程所录取，该课程组织者本身不规定课堂地点，这样，取得上课资格的学生聚集在一起，还可以依据传统大学体验的要素独立建立一个社区。

在某些方面，这可能类似于在校园附近住在一起的兄弟会或联谊会会所，对这些学生来说，校园本身已不再是必备元素。在这种模式下，学生群组的规模可能很小，大学可以采取针对其他远程学生的方式为这种群组提供课程服务，但学生可以独立创造校园所具有的社交元素。2020 年秋季学期，这种现象已经出现在佐治亚理工学院。由于新冠肺炎疫情，很多原本应返校的中国学生无法回到亚特兰大。于是，这些学生向大学提出申请，开放佐治亚理工学院深圳校区，这样，他们就可以获得原来可在校内实现的同学互动和社交往来。但是佐治亚理工学院深圳校区的学生接待量已达到饱和。于是，我们与天津大学合作，允许佐治亚理工学院无法返回亚特兰大的大二、大三、大四及研究生到天津大学的校园内居住学习。尽管这项计划通过自上而下的全面协调而终成现实，但需求本身完全是自发的，也就是说，这种模式的终极创造者是学生自己。有些学生甚至指出，如果深圳校区和天津大学无法容纳他们，他们会在该学期自行租用一个独立空间，以营造出共同学习的氛围。

资助性远程校园（sponsored remote campus）

天津大学的这项措施或许更接近于另一个远程校园模式，我们不妨称其为资助性远程校园。按这种设计方案，如果学校正在寻求扩大课程设置和教学方案，那么，他们可以允许学生注册另一所学校的学术课程，并利用该校园所提供的基础设施。例如，很多学校均提供 BS/MS（理学学士/理学硕士）课程；一所学校可以提议，允许即将参加在线计算机科学硕士学位课程的应届毕业生留在校园内，继续使用校园设施，这样，他们就可以在保留本地校园在校生身份的同时，注册远程提供的硕士课程。虽然学校不会收取任何学费，但这也不会带来任何教育费用。这样，通过开设大学本身无法自行提供的其他高级课程，可以扩大大学的总体课程范围。

提供全方位服务的远程校园、精益化远程校园、私立远程校园、应急性远程校园或是资助性远程校园，都只是远程校园模式的具体形态，既不能涵盖远程校园的全部内涵，更没有穷尽这种模式的所有用途。比如说，这些模式都假设，校园承担着为学生提供社交体验方面的责任，尽管这是传统本科学习所必需的重要特征，但对研究生或非传统学生而言可能无关紧要。那么，校园本身对这些学生毫无影响吗？当然会有影响。它至少要提供共同学习的氛围、开展某些项目所需要的工具以及实现高保真远程上课的设施，所有这一切都需要本地投资，而且与远程校园附近的通勤学生密切相关。

本部分旨在说明，即使在缺少本地授课基本元素的情况下，远程校园依旧可以维持足够的吸引力和最基本的功能。转向分布式课堂并不意味着本科生一定要在家里待到 22 岁，拿到一张大学毕业证，但却错过大学所提供的各种社交角色。相反，分布式课堂往往可以进一步扩大学生对校园的体验。

在线校园（online campus）

从本质上说，远程校园的目标就是复制传统大学校园的某些社交功能，它的目标受众应该是那些希望真正生活在校园中的学生。尽管远程的确是个非常有趣的概念，但这并不意味着，大多数受众均可被这种分布式校园模式所接收。对于成年学习者，时间安排的灵活性是在线课程的最大优势之一。对这个群体来说，远程校园可以提供集中的教学资源和高保真的课堂体验，这或许可以让他们取得近乎完整的校园体验。实际上，现有的很多分校或卫星校区就完全定位于这种安排。但对于很多成年学习者，我们当然希望能为他们提供完全一样的课堂方案，无论是同步还是异步。即使校园在地理位置上确实不远，但离开家室毕竟需要占用额外时间，同时，照料孩子或是其他生活负担都是他们不得不考虑的因素。

全远程体验的最大挑战当然就是与校园环境的隔离。尽管在现实中可能会受到诸多因素影响，但我们认为，这种隔离的很大一部分原因来自于在线课程缺乏"校园"感受。我们以网站代替演讲厅，以互联网论坛代替课堂，以电子邮件代替办公室，尽管这些替代方案在功能上完全可以达到相同的效果，但我们失去的是体验，尤其是环境与氛围的缺失。走进大学校园，就像是进入一个与外界世界完全不同的殿堂，那里有只属于校园的地理、建筑和历史气息。而进入在线课程的实质就是登录网站，这个"校园"和下一个选项卡中的 Reddit 或脸书没有任何区别。

这在某些方面是可以接受的。体验的功能依旧存在。通过这种方法，我们依旧可以把在线计算机科学硕士学位课程的规模扩展到 10000 名学生。其他虚拟学校和在线学院也通过类似方法实现了规模的扩张。但这些环境是否能完全承担起校园所拥有的角色呢？答案是否定的。这也促使我们开始关注这样一个问题：我们该如何构建一个名副其实的虚拟校园，而不只是一个毫无生机的网站？这样的校园应该包括哪些要素呢？根据我们与学生的对话以及与其他教师的集思广益，我们认为，这应该是一个持续性过程，从最初对现有网站的简单改进，到打造完全沉浸式的体验，或许是构建类似虚拟校园环境的最佳路径。

综合性在线校园（integrated online campus）

首先，校园环境的一个关键因素就是它的整体性：在物理空间中，它把多种功能整合到一起，包括教学、社交、学习和咨询等。我们或许可以采用一种最简单的方式创建校园环境：创建一所完全综合性的校园，为学生提供大学体验所包含的全部要素，而不是强迫他们穿梭于不同的工具或站点之间。

尽管有自己的优点，但学习管理系统很可能就是造成这个问题普遍存在的原因之一。在很多方面，学习管理系统都是学生体验的"枢纽"，但大多数系统仅仅针对个别班级，而不是所有班级都能感受到的体验。例如，在我们的 LMS 课程中，我们会在一名学生的主页上列出他们需要登录的课程、根据课程作业制定的待办事项列表以及根据课程时间编写的课程表，我们看不到与课程内容无关的东西。但是要联系学术顾问或职业咨询师，参加即将举行的社交活动或研讨会，或与其他班级的学生开展社交活动，就不得不借助于其他工具。如果某个单一工具集成了所有这些元素，那么，这个站点就会给学生带来一种虚拟校园的感受，而不再是零散工具的集合。

可视化在线校园（visualized online campus）

但我们对此持怀疑态度：虽然整合型校园或许更有实用价值，但它真的会让学生感觉到校园氛围吗？我们的疑问是，要真正让虚拟校园感觉像是一个校园，它就应该以某种方式体现出校园的视觉感受。这个视觉校园可能在功能上与综合性在线校园没有区别，但是以可视化的方式把工具嵌入虚拟园区的视觉背景中，或许可以营造出更大的参与感和归属感。

譬如，我们假设克劳斯（Klaus）讲授的是"2456"（佐治亚理工学院校园内的大型课堂之一）是一门属于 SC 单元格的课程，该课程已通过某种 SR 模式进行分布，与此同时，分布在世界各地的学生通过多种方式观看课程直播。为此，我们向 SR 班级的学生发送电话会议的链接，在授课时间到来时，他们单击这个链接即可登录远程课堂。但这样做必定会让他们与 SC 课程所发生的物理空间失去联系。相反，如果在校园地图上选择相应的房间，并以虚拟方式加入标注"Klaus 2456"名称的房间，就可以让整个互动作用实现可视化。

与顾问的会面也可以采用完全相同的方法；尽管这个过程在功能上完全相同，但通过过程的可视化可以让学生以点击方式进入某个"办公室"，而不是点击加入视频会议。因此，可以在在线校园中创建社交区域，在即使没有具体目标的情况下，学生也可以进入这个通用区域进行互动。这种设置的目的就是创造一种感觉：即使没有需要学生完成的具体任务——如上课或是与顾问开展讨论，学生也可以"进入校园"。这样，学生就获得一种在校园内的虚拟存在感受，随时与同学进行即兴互动，而不必一定要从完成具体任务的角度出发，有意识地去开展互动。所有这些细微的调整就是为了在校园的虚拟状态和实体状态之间建立一种更强大的延伸，把远程互动与面授互动联系起来。

虚拟在线校园（virtual online campus）

沿着这个思路，我们正在接近一种把在线校园视为虚拟世界的想法：这也是远程校园发展的下一阶段。在这种被称为虚拟在线校园的初级方法中，我们可以借鉴 Gatherly. io 和 Sococo 等虚拟办公空间采用的做法。在这些工具中，远程参加者可以看到"办公室"的真实物理布局，并在其中进行虚拟移动（与会者通常表现为二维地图上的一个圆圈）。当人们进入同一物理空间时，他们即可通过聊天或视频工具进行交谈。

也可以针对虚拟校园开发这样的安排：学生始终驻留在二维校园中的某个特定位置，并在虚拟校园中进行虚拟移动，进行课堂学习、访问顾问办公室或是参加小组学习等活动。这同样可以带来社群的感觉：即使没有和同学进行互动，但只要知道自己和其他人都在同一个"校园"内，那么，我们就可以获得社交环境下的包围感。因此，这种方式有两个目的：与可视化在线校园一样，它把互动行为更牢固地锁定在校园的模拟视觉环境中；与此同时，提供一种更强烈的被同学所包围的感觉，从而随时为他们联系同学、开展互动创造机会。

沉浸式在线校园（immersive online campus）

最后，我们将远程校园的想法发挥到极致，我们甚至可以设想一个完全身临其境的三维校园，从而完全沉浸在这个栩栩如生的虚拟现实中。但实现这种模式所带来的挑战是显而易见的：很多人在上课时会做笔记，但是在虚拟现实中，他们就很难在上课过程中做到这一点。某些沉浸式界面（例如 Second Life 和 Mozilla Hubs 等仿真软件）可实现三维沉浸式环境，但这种仿真环境仍采用典型的屏幕界面运行，从而在保留三维仿真效果的同时，无须学生投入额外的体力和精力。按这种想法，我们可以设想构建一个三维虚拟校园，学生可以在这个仿真现实中进行虚拟移动。为参加课程，他们以虚拟方式进入课程所在地（当然无须长途旅行），而后在这个房间观看课程视频。同样，要见到同学，他们也可以约定在沉浸式校园内的同一空间见面。

不过，这个设想完全可以在线校园观点上更进一步。虚拟环境的好处之一，就是可以规避物理环境的某些限制。在虚拟现实中与同学见面，却发现所有虚拟房间均被占用，会不会有一种令人沮丧的感觉？但是，所有这些虚拟园校园（综合性、可视化、虚拟以及沉浸式在线校园）的最大特征，就是它们引入了某些不会自动虚拟环境的实体校园功能。在开展在线课程时，我们可能很少关注同学之间的偶发性或外围性聚会，也不会刻意打造学生在校园社区内的个人身份。当然，我们可以通过其他方式刻意实施这些功能，但是在创造模拟化校园的过程中，很可能要求我们重新捕获最初并未充分考虑的校园动态。

联通式校园（connected campus）

在第三章，我们讨论了佐治亚理工学院的"心房"，尽管它们是分布式校园显而易见的组成部分，但在本节中，我们在此之前始终没有提到这个话题。这些模式适合什么环境呢？最明显的用途就是把它们作为最精简的远程校园，通过营造小的环境，通过某些有针对性的服务复制现场体验要素。这些要素可以是开展远程教学的高保真课堂、用于完成真实项目的创客空间以及开展本地团队项目的聚会区。

但是在这些远程校园中，一个关键要素就是为学生提供持续、持久的存在感。在当前的在线安排中，往往只有在需要完成具体指定任务时，学生才需要登录授课平台。这一点显然不同于校园环境：因为在校园环境中，学生之间的互动更一致、更全面，是一种全方位的互动。而远程校园让学生重新进入一种可持续的环境——即，进行生活、工作及互动所依附的实体校园，从而在感受上为学生创造一种身临其境的校园存在感。在线校园通过某种方式把学生嵌入到屏幕上，从而以虚拟模式重建这种存在感，这样，即使不离开家，他们也能进入校园。

那么，佐治亚理工学院"心房"之类的方案，在这个类比中扮演怎样的角色呢？我们认为，它们实际上提出了在质量上不同于上述两种方法的第三种方法，其核心思想体现为：这些分布在世界各地的不同环境都需要相互联通，而且这种联通是全方位的，既有相互之间的联通，也有与总体校园环境的联通。通过这种方式，"心房"打造出一个互联互通的全球性校园。这个联通式校园拥有在线校园所不具备的物理状态：通常情况下，它仍希望学生访问学校的实体空间。这个实体空间与分布在世界各地的空间密切关联。在纽约的"心房"，可以在一堵墙上显示旧金山的实时现场环境，从而创造出身临其境的印象。尽管两地相距数千英里，但它们都是这个联通整体的一部分。

联通式校园还刻意陆续纳入更多针对远程会议的个别方案。尽管高保真课堂可以让远程班级参加虚拟课程，但小房间（不妨比作电话亭）更适于利用相关设备营造出类似的环境，让学生远程连接到课程顾问、助教和辅导员。尽管在功能上与电话会议没有区别，但刻意借用这个比喻可以重现面授的体验：随时造访虚拟办公室，随心所欲地进行互动，而不是通过电子邮件和某个人约定正式会面时间。也可以创建类似的社交区域，与其他人进行全方位联系，进行随意性或应急性对话，而不是有目标、有针对性的对话——这也是在线互动的重要特征之一。当然，这种安排也为远程参与校园活动提供了便利。例如，克劳斯高级计算大楼的主大厅经常被用于发布海报、招聘信息及研讨会演示。那么，如何把它们转移到线上呢？在联通式校园的情况下，可以把双向传输设置为活动的组成部分。在佐治亚理工学院"心房"项目中，远程学生可以和参加现场活动的人进行直接互动。

但联通式校园的核心体现为"周边互动"（peripheral interaction）这一概

念。建立这种安排的目的主要是为了让学生感觉到自己是构成整体的一部分，从而形成一种归属感。他们可以亲眼见证世界各地的学生在虚拟环境下进行类似活动，仿佛他们已经置身于这个校园的全球背景中。这种感觉可能是相互的：在主校园内安装各远程环境的视图，让就读于主校园的学生也能感受到学校的全球影响力。

和远程校园、在线校园的想法一样，这个想法确实不乏野心，但同样需要高投入。它们并不是扩大访问量的必要前提：现有课程已经表明，即使缺乏一个有凝聚力的主校园，在线课程也可以实现巨大增长。当然，这也是我们对在线教育最担心的一个方面：它反映出一种对整体教育过程的误解，以及校园其他功能在过渡期间的丧失。我们往往只关心虚拟课堂体验的高速发展，却忽略了校园发挥的某些功能，归根到底，大学所提供的不只有课程。让分布式校园始终围绕分布式课堂这个核心，显然有助于保留这些特征。

本章规划的蓝图或许是我们提供分布式校园的途径，但这不排斥其他方式的存在。但最核心的观点是，保留校园体验是可以做到的，但我们必须刻意地去追求才能做到这一点。

第九章
顾虑、风险及其他不利因素

尽管我们对这种载体的潜力持乐观态度，但我们很清楚，它并非绝对正确，而且随时会遭遇失败。在第六章和第八章中，我们曾力求解决其中的某些问题：第六章强调了学习的某些障碍，并强调了在线方式的可行性，而第八章则着眼于我们的担心——在校园体验向分布式课堂过渡的过程中，有些体验可能会就此丧失。

此外，分布式课堂本身确实弥补了其他举措（如 MOOC）的某些缺陷：重新引入社交互动、课堂社区、校园体验、客观的评分和人工反馈等。它强调的是现代技术对当下教学方式的适用能力，而不是教师适应技术约束的能力。它表明，在我们可以面对面完成的事情中，很少是不能以远程分布方式做到的。

在新冠肺炎疫情暴发之后，我们最经常听到的担心是，由于远程教育有可能削减成本并保持入学率，因此，大学会急于开展远程学习，而没有考虑这样做是否会带来相同的学习效果。而分布式课堂则是针对这个问题的一种解决方案；它为我们寻求远程学习方案提供了一个蓝图，在尽可能保留传统校园体验的同时，实现各种方案的现有和潜在优势。

当然，这并不是说不会对结果造成任何影响，实际上，影响是不可避免的。如果学生完全在无互动情况下被动观看预先录制的授课，学习效果自然会大打折扣。如果为方便在线交付而降低考试难度，学习效果同样会不尽如人意。如果只想着如何开发易于扩大规模的材料，而对无法衡量的社交效应则置若罔闻，结果可想而知。

因此，分布式课堂在总体上消除了人们对远程教育的担心：即使效果受到影响，但因为其削减成本的能力而依旧会被接受。因此，这种范式的目标就是确保学习体验和成果不会因更多远程方案的实施而受到影响。但伴随成功而来的自然也有风险。如果分布式课堂实现大规模腾飞，由此引发的问题是否会多于它所解决的问题呢？考虑到其他方面的影响，分布式课堂带来的净效应到底是改善还是损失呢？

譬如，尽管这种范式与高等教育的分拆高度兼容，但分拆措施本身就被严重质疑，反对者认为，这会丢失学术界始终追求的自由性和独立性，而这些特征在当下恰恰有着特殊意义。此外，在讨论增加一名教师可以相应增加的学生人数时，我们是否正在实施一项会让很多教师失业的计划呢？

在本章里，我们的本意不是说不会出现这些问题。但如果任其发展，这些问题难免不会出现，而且极有可能。在面对巨大的成本压力时，分布式课堂的某些潜在优势有可能被束之高阁。此外，分布式课堂可用于标准化课程以适应某些政治议程，从而导致课程内容不再依赖于个人的采用，而是更多地依赖于集中管理的分发。这些都是真正的风险。

相反，本章认为，这些负面影响是可以避免的。此外，本章还就如何避免这些负面影响提供了一些对策，无论这些负面影响是出于自满、无能还是恶意打造，我们总有办法对其加以控制，甚至是规避。

教师聘用

在第五章，我们通过分布式课堂的拓展对机器学习课程进行了分析。这一点尤其重要，因为在机器学习（与很多计算机科学一样）课程中，教师已成为稀缺资源。因此，增加一名可指导一定数量学生的教师，可以使原本很难获得学习机会的人进入课堂。

在第六章针对"适用性"的讨论中，我们探讨了这种范式可能仅适用于缺少教师这种情境的观点。我们认为，情况并非如此：它同样适用于一般性课程，只不过会以不同方式展现其优势。我们的担心是，这个结论或许是正确的：通过分布式课堂，可以让一位教师同时给 10000 名学生讲授微积分课程，而不是像面授课堂那样只能接纳 100 人，这就可能会解雇 99 名微积分教师。这就会围绕少数教师和大学出现广泛的集中化，不过，我们将在下一节中指出，真正的威胁在于这种模式可能被用作压缩教师队伍的手段。

现有趋势的延续

针对这种担忧，首先需要指出的是，针对成熟领域的分布式课堂，它在未来若干年的一项重要任务，就是收集可重复使用、可分布的教材。教科书本身就是这种努力的一个实例：它们要将课程设计、指导（至少是可以在纸面上静态完成的）和练习题整合起来。如果没有教科书，教师就必须设计课程内容，编写所有课程指导，编写个人作业；而教科书则为他们提供了可重复利用的资源，很多教师可以使用相同的资源，这就可以让他们专注于提供个性化内容以及针对学生个人的反馈和评分。而虚拟教科书的最新发展趋势，让这些功能在麦格劳 – 希尔出版集团（McGraw – Hill）的 Smartbook 平台（我们在"CS1301"课程中使用过）中得到了充分展现：该平台通过自适应可视化工具、自评价练习题和嵌入式视频等手段，对教科书进行了有效的增强。

因此，该平台本身就拥有强大的教学意义，在以高保真视频内容进行教学的同时，评估学生的学习成果，并针对学生特点提供指导。作为一种教学装备，ZyBooks展现了另一种值得关注的创新，它在内容中嵌入了更多的动画和演练，从而让教科书能更好地发挥教学作用。

教科书的变化只是实现这些目的的诸多趋势之一。为确保课程在不同教师之间的一致性、在学校之间的可交换性以及标准的统一性，学校和学区往往会对个别课程讲授过程实施严格管理。为此，他们会把时间表细化到每一天，把教学计划下沉到每一分钟，并采取丝毫不给个人留有余地的共享式评估，然后再把这些时间表、教学计划和评估标准用于数十门课程。尽管这些功能已具备分布式课堂的某些功效，但实现真正分布的并不是产品，只是蓝图。在我们接触过的教师中，大多都不喜欢这种做法：因为它们在很大程度上剥夺了教师的控制力和即兴创造力，这就像要求一位大厨只能严格遵守菜谱一样，丝毫不能发挥自己的专长和灵感。这种做法带来的一个问题，就是课程设计与个别教师特色的脱节。如果教师不是课程的主要设计者，只是负责对辅助元素进行修修补补（如引导讨论和小组合作），那么，最理想的结果或许也只能是一点点改进。但无论是哪一种情况，我们都会看到，长期以来，很多措施把教学职责转移给少数核心个人或群体，减少了面授教师所承担的责任（尽管这也减少了他们对课程的总体控制）。

那么，对面授教师的需求是否减少了呢？绝对没有，相反，它们为教师提供了另一种改善学生学习成绩的工具。尽管它们在这方面的成功值得商榷，但考虑到教师需要兼顾不同教学要求，把某些职责转移到教科书或是课程计划的做法显然值得期待。随着教材（如 ZyBooks 或 Smartbook）承担起更多的教学作用，教师可以腾出更多的时间和精力，更好地关注课堂教学和个人反馈。而分布式课堂则是沿着这个方向的又一次变革：它帮助教师提供精心设计的课堂教学，让他们为面授学生提供量身定做的课堂体验。但与此同时，这也减少了教师需要承担的职责，削弱了他们充分发挥积极作用的动力：既要讲授一门引人入胜的现场课程，又要提供高质量的反馈与可靠的成绩，与学生进行个别合作并帮助他们克服挑战，还要处理好学分课程的其他各个方面，这显然是让人难以招架的要求。而分布式课堂则为强化专业分工提供了空间。

关注结果的指导原则

不管采取何种方式，最终的落脚点都在于成果。如果学生的成绩已达到预期效果，那么，让一位教师指导更多的学生，就有可能对现有教学人员的生计造成威胁。但是在分布式课堂模式下，结果或许会好得多。向分布式课堂转型所带来的成本节约，会以某种隐形方式再投资于改善学生的真实体验。这就像送给伐木工人一把链锯，而不是斧头，然后让他们取得更好的业绩，而不是趁机减少伐木工人的数量。

当然，这并不是说其他方案没有可取之处——比如说，在保证结果不变的情况下削减成本，而不是通过改善结果而维持成本。尤其是在预算紧张的情况下，譬如新冠肺炎疫情后期，降低成本将成为当务之急。但是在预算恢复时，却很少有人会增加支出，消除之前消减成本所带来的影响。因此，审慎对待兑现这些观点的方法仍然至关重要。为此，我们提出三项指导原则，以确保分布式课堂能造福于学生。

第一，只有在学生总数同步增加的情况下，才应适当提高学生/教师的比率。分布式课堂的一个目标，就是为那些原本没有学习机会的学生放开资源，但是为实现这一目标，几乎需要所有每个教师面对更多的学生，特别是在教师资源紧缺的领域。但是在相对成熟的学科领域，如果学生人数维持不变，那么，学生与教师之比就应保持稳定。这样，才能有效发挥分布式课堂的优势，在减轻教师负担的同时，让他们把节省下来的时间重新用于学生。

第二，反馈和评分过程在本地完成。评分设计的集中化意义重大：要设计一套高质量的评估方案绝非易事。教师要忙于教学，因此，期待每个教师都成为评价设计专家，显然不切实际，当然，更不能让他们时不时地把发挥这项技能当成首要任务。但是，尽管评价结果（包括考试辅导、制定评分标准和成绩沟通）也是可以分布的，但评价结果的交付应在本地完成。学生的成绩和反馈应始终来自于他们认识和接触的人。这就为后续答疑创造了条件，而且让反馈成为对话的基础，而不是最终的结局。

第三，应明确把课堂时间用于教师对当前教学内容的语境化（纳入到学生的具体背景中）。正如我们先前引用的示例以及随后两节即将讨论的内容，一方面，教师本身当然不愿意被简化为机器中的齿轮，循规蹈矩地执行某些与现实脱节的教学计划。另一方面，把某些教学职责转移给集中的教学辅助人员，好处是显而易见的。那么，我们应如何对这两者进行平衡呢？解决这个问题的关键就是在课堂设计中，有针对性地为本地课程预留空间。这样，教师就有充分的时间把当前内容与学生的兴趣、近期环境以及教师个人的优势结合起来。这样做有两个目的：规避泛泛的标准化；保留明确需要由教师承担的本地职责。没有本地教师参与的课堂，显然是不完整的。

分布式课堂适用于这些指导原则所定义的背景，在这种情况下，授课和教学压力的减轻让教师有更多的时间和精力与学生进行个别互动，提供高质量的反馈，在内容和当前学生群组最关切的问题之间建立自然联系。同样重要的是，这种角色转化丝毫不会削弱教师的重要性：变化的是专业化分工，不是升级或降级。承担授课任务的教师首先是拥有这方面优势的人，而负责个人反馈和评分的教师则是善于进行互动的教师——他们是同等重要的。这种模式只是消除了每个教师都需要在所有方面都出类拔萃的要求。

前面已经提到，这也是我们在课堂中使用的范式。在我们的六门在线计算机科学硕士学位课程中，每个学期均配备数十名助教。他们的全部任务就是直接面向学生：在课程论坛上解答问题，在答疑时间内与学生互动，为学生的作业评分，并提供详细反馈。我们也是一样，我们在学期内的主要职责就是解答问题和处理极端情况。我们对其他全部责任进行了前置处理，包括讲授课程内容、编写作业和评分标准、发布每周的公告和讨论主题（同样可以预先编写脚本）。通过承担这些责任，我们的全部课程交付时间均花在了以各种方式和学生进行直接互动上了。

我们的本科"CS1"课程甚至更进一步：所有评分均采用自动评分。尽管我们并不主张把这种方法用于其他大多数学科，但对计算机科学课程而言，它显然是唯一有效可靠的方法。我们仍为每25名学生聘请一名助教，这和常规的校内本科课程保持一致。[⊖]因此，助教的全部时间均用来直接为学生提供支持。减少助教可行吗？当然没有问题；实际上，这门课程MOOC版本的教学实践表明，我们根本就不需要任何助教为学生在课程中取得成功提供支持。与完成学分课程的学生数量相比，完成MOOC形式课程的学生数量整整多出了5倍，这显示出课程的规模效应。指导和评估环节也不例外。但对那些支付学费并取得课程学分的学生来说，我们需要把内容前置节省的时间用到个别学生身上。

巨型大学

如前所述，塞巴斯蒂安·特伦是MOOC课程最早的架构设计师，也是Udacity的创始人，而Udacity已成为全球顶级MOOC教学机构。特伦曾有过这样的预测，未来，全球最终会只剩下10所大学。这个观点当然不是没有先例：在过去的几十年中，其他很多行业都呈现出强烈的集中化趋势，如新闻

⊖ 我们的在线研究生课程采用了较高的助教/学生比率，即每50名学生配备一名助教。

媒体。以前文提到的北角社区教堂为例，它实际上就符合这种趋势。如果说它成为超大型教堂所经历的轨迹类似于高等教育的发展趋势，那么，这样的轨迹何尝不会造就出巨型大学呢？技术会降低准入门槛，让后来者进入原本需要面对艰难挑战的市场（如 Udacity 诞生时所面对的教育市场），但它也大大强化了组织的影响范围。

实际上，有些人把巨型大学带来的"威胁"视为希望。有一种观点认为，在现代教育中，很多工作是重复性和浪费性的：每个学期，都会有成千上万的学生参加微积分课，学习的内容大致相同，但是面对不同的讲师，却导致学生的体验千差万别。为所有人设计一门终极式的微积分课程会不会更有效率呢？这种安排恰恰就是贯穿全书所提倡的结构类型。分布式课堂难道不就是一种通向巨型大学的机制吗？

毋庸置疑，它确实可以发挥这种作用。如果佐治亚理工学院和其他大学一致决定，按我们的在线计算机科学硕士学位课程模式扩大全部课程的规模，那么，我们或许会看到特伦预测的高等教育机构大规模集中化趋势。这可能会带来巨大反响。高等教育的分散性为多样性研究议程创造了条件，因为在市场参与者减少的情况下，多样性必然会受到压制。大学需要严格融入本地环境；《高等教育的革命》一书中，里奇·德米罗指出，大学与社会之间的社会契约源于本地人口与高等教育系统之间的紧密联系；如果大学与本地环境之间缺乏密切关联，就不可能存在这种社会契约。

当然，各位或许不同意这样的说法。我们的同事已经注意到，个别大学在提高学生的学习成绩、降低成本和提高效率等方面确实潜力巨大，但这些成就的取得是以牺牲其他学校为代价的。分布式课堂显然可以成为实现这个目标的机制，但它不能始终保证能实现这样的结果。

分布式课堂至少可以通过两种方式抵制这种集中化趋势。尽管可能还有其他路径，但基于当下趋势，这两种方法可能最具现实意义。

加强内容交流

就像我们在第八章提到的那样，分布式课堂与高等教育的分拆趋势高度兼容。对于这种分拆，我们通常是指住宿、餐饮和教学等职业服务的分拆，但它也适用于课程之间的分拆：如果你是工程专业的学生，那么，你确实需要在专攻工程学的大学选修英语和历史课吗？或者说，是否可以根据各个学校的优势编制一份最适合自己的课程表呢？实际上，完全可以通过转移学分等方式实现这个想法，但这其中的障碍不言而喻，因此，对大多数学生而言，除了偶尔到当地社区大学选修暑期课程外，这样的机会确实很有限。

在这种范式下，分布式课堂为各大学之间轻松实现内容交换提供了一种有效机制。内容交换可以采用多种方法，比如说，在两种大学学分可转移的情况下，一所大学的学生可以主动到另一所学校上课；对于开展内容共享的大学，由本地助教在另一所学校重新开设课程，从而实现内容和学分的共享。

譬如，我们目前正在与另一所大学共同创建双学位课程，该校本身尚未独立授予研究生学位。按照这项计划，学生可以在这所大学完成本科阶段的学习，在该校取得学士学位的同时，即可开始注册我们的在线计算机科学硕士学位课程，攻读佐治亚理工学院的计算机科学硕士学位。另一所大学在学生注册在线计算机科学硕士学位课程时授予他们学分，而且一旦这些学生完成了本科学业，即可继续攻读硕士学位。这样，另一所大学就可以为学生提供新的产品——计算机科学的硕士学位，而且这是他们无法通过与现有实体合作而提供的产品。通过这种模式，大学可以充分利用分布式课堂增加自己的产品，而无须完全从头开始去构建这种产品。考虑到大学继续在本地环境中发挥作用，因此，以这种机制扩大服务范围，可以让他们保留现有价值。

当然，这种方法的适用范围是有限的：在这种方法中，作为"借入方"的大学，在本质上是为学生利用其他学校输送资源创建了一条路径，而这条路径的存在也成为学校的特征，维持学生对本校课程的兴趣。同时，借入方大学利用分布式课堂，可以进一步摆脱原始环境：这就像购买现成的教科书，然后在本校开设一门新课一样，尽管学校讲授的全部内容都来自外部，但学校控制课程的全部交付过程。在这种模式下，借入方学校仍维持自己的课程数量，授予本校的学分，聘请自己的助教等，从而让产品更具本地化特征。它只是使用另一所学校的现有内容，为本校开设相同课程提供了基础。这已经成为司空见惯的事情：每个月，我们都会收到其他学校教授的电子邮件，询问是否可以使用我们在课程中公开的内容，用于自己所在学校开设的"人机交互"或"计算机入门"课程。实际上，它只是这种机制的正规形态。

通过这些示例，我们可以得到的结论是，分布式课堂侧重于让更多学生获取更多的课程体验，而且部分学生可能已在其他大学就读——它并不是抢走这些学校的学生，而是让其他学校有机会试用这些可共享内容。这样，这些大学就可以采用其中的某一种方法，接受和使用刚刚才有机会获取的材料，并把它们纳入自己的教学产品组合中。因此，分布式课堂为大学提供了一种与时俱进的工具，帮助他们抵御超大型学校聚集趋势所带来的僵化：它们不但能提供巨型大学所能提供的服务，还能提供个性化的关注、本地联系和校园体验。

更多学习者

在对少数巨型大学的顾虑中，隐藏着这样一个假设：潜在学生这个群体是稳定的，而且这个群体只能在越来越少的高等教育机构中进行选择。而分布式课堂的目标之一，就是为潜在学生提供更多的选择机会：它的基本宗旨是吸引原本没有机会成为学生的人。我们在第六章和第七章中已经探讨过这个话题。新兴技术的需要以及当下世界的快速变迁都要求我们加大工具升级的速度。技术不仅会给我们创造终身学习的机会，而且也会让终身学习成为要求。在大学校园里学习 4 年，然后就可以在你的职业领域中安安稳稳地度过 40 年，这在现实中已不再可能，所有人都必须不断学习。

因此，大型大学势必出现。有人会说，它们已成为事实：为什么不能说，纽约州立大学或凤凰城大学这样规模巨大的学校就是"巨型"呢？但如果我们关注的焦点在于如何吸引潜在的终身学习者，而不是学校现有学生的数量，那么，我们就必须接受，巨型大学的出现绝不应该以牺牲其他学校为代价。今天，以 4 年大学学习而安稳度过 40 年职业生涯已不再可能，相反，即便是一个刚刚步入大学校门的一年级新生，也有可能会以这样或那样的形式去寻求终身教育。当然，最初获得的学士学位同样意义重大，它在培育学习独立性、创造学习基础以及教导学生如何成为成人学习者等方面仍然发挥着重要作用，但这只是起点，很多学生很有可能在毕业后的五六年后重新回到课堂。再过五六年，当他们发现需要及时更新职业技能的时候，学习周期或将再度开启。当然，课堂也可以采取多种形式：工作现场培训、非正式在线课程和训练营等诸多形态都可以成为课堂学习的有效补充。但是，大学教育的知识独立性、声誉和普及性，无疑能更好地满足这一需求。

长期以来，权威人士就曾做出预测，在未来，工人更换职业的机会将比过去多得多。这些职业转换需要他们掌握新的技能和新的内容。因此，我们需要以合理有效的方法，去满足和支持这种教育需求，这种教育不仅要在财务上经济实惠，而且还足够灵活，以便于为各行各业提供继续学习的机会；而分布式课堂就提供了一种实现这个目标的模式，让他们在面对成本、地点和时间限制的情况下，以最小的代价取得最优质的学习体验。

集中化、标准化与帝国主义思维

针对上述领域的大多数讨论，都涉及对集中化和标准化趋势的担忧。一种默认的观点认为，如果更多学习者的学习体验被少数教师或大学所操纵，那么，必定会失去某些有价值的东西。但也并非所有人都对集中控制持怀疑态度。有些人把教育数据视为挖掘新洞见和实现改进的宝库，因此，这些人可能更愿意接受这样的观点：集中系统更易于实现高效快速的改进和传播。如果我们可以像升级软件那样去升级学习方式，结果会如何呢？

但是，很多原因导致这些趋势令人恐惧。我们已经看到，教育已经在某些方面成为政治战场。乔治·奥威尔（George Orwell）在《1984》中提出："谁控制了过去，谁就控制了未来。谁控制了现在，谁就控制了过去。"我们可以把这句话理解为：当我们控制了个人对历史的看法时，就可以对他们预见未来的方式施加控制。不难理解，这些对历史的观点往往来自于基础教育中的历史课；对这些课程进行集中控制，就会让他们更容易受到政治主张的影响，尤其是对公共教育而言，这种影响的威力更不可估量。正因为如此，我们可以看到，针对革命、美国内战以及性教育等方面的教学方式在各州之间相去甚远；而在国家层面，这种差异体现在针对类似权力结构变迁的任何冲突上。

同样，标准化也有给教育带来威胁，譬如"不让任何孩子落伍"之类的项目确实用心良苦，但是它们在实施中却遭到很多批评。比如，把资金与考试成绩挂钩招致了某深层次的问题。除了对集中控制的担忧外，采取所谓正式标准的措施，很可能会带来仅关注可衡量标准的风险。这就是贾斯汀·赖希（Justin Reich）所说的"常规考试陷阱"（Trap of Routine Assessment），我们将在下一节中详细讨论这个话题。

最后，在我们开始高谈阔论美国大学如何在发展中国家开设校园这样的规划时，我们很有可能会先想到殖民主义控制。一方面，我们经常会听到这样的声音：美国教育机构在发展中国家开设分支机构，为当地民众培育获得职业竞争力必需的技能，帮助他们在就业竞争中占据优势，这是对世界的改善。另一方面，这是否会从根本上破坏本地大学呢？如果学生能按相同学费在本地大学和佐治亚理工学院分校之间进行选择，那么，本地大学是否还有竞争力？如果不是的话，我们难道不是在以我们的行为削弱本地文化，强化对当地教育的控制吗？即便有良好的初衷，但是在学校扩大影响范围的过程中，这完全有可能成为潜在的问题。

与上述风险一样，这些结果完全是有可能的：学校确实可以利用分布式课堂框架破坏课程的本地控制，在对生活成本较低且就业法规不完善地区人口提供教育的同时，也为跨国公司提供了使用低成本劳动力的机会。为避免这种结果，就必须保持两种趋势的并行。

民主化

我们往往对"民主化"一词采取将信将疑的态度。我们发现，所有初创企业都在宣扬他们的商业规划会如何改善现有行业的民主化。但这并不是说民主化没有任何用武之地——罗宾汉显然就是投资民主化的代表，他将控制权直接交给人民；相反，我们确实发现，很多声称追求民主化的举措，实际上都试图把现有机构的权力转移给自己，而不是交给大众群体。

这就是说，要利用分布式课堂抵制集中化趋势，部分解决方案就在于它和课堂普及化的兼容性。在第六章，我们始终强调的一个重点就是如何在避免基础设施大规模投资的前提下创建分布式课堂：尽管由人工智能驱动的摄像头和分布式麦克风确实很好用，但它们并非必需品。这对于利用分布式课堂强化教育普及化的目的至关重要：因为这意味着，能吸引分散性学习者的不只有资金雄厚的机构；相反，任何能有机会掌握有限技术组合的个别教师都可以做到。

与本书提及的其他趋势一样，这种趋势同样已经形成，而且正在进行当中。南新罕布什尔大学（SNHU）是位于新罕布什尔州的一所私立大学，该州是美国人口最少的 10 个州之一。在经历了 2008 年的经济大衰退后，这所学校开始向在线教育方向转型，目前，它已成为全球最大的大学之一：在它招收的 9 万名学生中，90% 以上采取完全在线方式。正是利用技术对课堂进行分布，让这所地区性小规模大学成为美国最大的学校之一。

在保持低水平技术要求的情况下，其他学校也开始走上这条道路。分布式课堂不仅可以克服这些分散性措施带来的集中化趋势，甚至还有可能颠覆现有的基础权力结构。在对某些学科标准存在争议的州，凭借规模效应和低分布成本，私立分布式学校系统完全可以和本地的公立学校系统平起平坐。

语境化

在"教师聘用"部分中，我们在第三项原则（内容本地化）中提到了第二种方法——在增加获取机会和支持本地控制之间实现最优平衡。如果我们打算在新地区创办一所佐治亚理工学院的新校区，而且使用居住在亚特兰大的教职员工、助教以及顾问等，那么，我们很可能无法充分满足本地学生的需求。这些措施有可能被视为新时代的新型殖民主义——企图控制当地教育环境，并将其纳入我们现有的结构中。相反，将本地背景整合到我们的产品中，才是这些措施的首要任务之一。按照这个逻辑，任何可在本地进行的任何操作都应该在本地完成。毕竟，在面对新的学生群组时，来自千里之外、拥有完全不同文化背景的顾问和助教显然无法理解学生们的问题，因此，决不能指望他们能按照本地学生的需求，量身定做适当的内容和沟通方式。

我们目前实施的两门课程都遵循了这个原则。首先，在在线计算机科学硕士学位课程中，我们的重大发现是，可以聘请在线学生担任助教，为他们自己的课程提供支持。这不仅在数量比例方面是有意义的，更重要的是，我们发现，这些学生之所以能成为更合格的助教，是因为他们更了解其他在线学生的困境。与在校研究生助教相比，他们在日程安排、满足学生期望等方面能做出最合理的安排。从那时起，我们开始把这种做法推广到学术顾问层面：目前的学术顾问大部分时间都在家里工作，虽然校园空间限制是采取这项措施的首要原因，但更有意义的是，这让顾问能更接近于他们所服务的学生。

其次，在以在线 CS1 课程为基础的亚特兰大公立学校的 CS 课程扩大招生范围时，一方面，我们不仅可以为学生提供在线课程的访问权限，还会为他们提供佐治亚理工学院的助教，以增强他们的学习效果。另一方面，佐治亚州理工学院计算公平星座中心也在为课程任务培训本地工作人员。尽管他们也能使用我们的在线资料，但由于他们身处课堂当中，而且认识并了解每一个学生，因而，他们可以让课程与学生的本地情况、背景和学习进度相互兼容，实现更好的匹配。

因此，在采取这些措施时，必须在两个方面实现语境化，在这两方面实现与现实背景的无缝对接。首先，我们要知道，在我们的分布式课堂中，这些与潜在学生最相近的人到底能担任多少角色。在可能的情况下，应尽量选择这些人。作为一般性原则，在为在线课程选择助教人选时，应优先选择在线学生。比如说，对于在拉各斯开设的远程课堂，应优先选择尼日利亚助教，而不是选择居住在亚特兰大的助教；而对于亚特兰大公立学校开设的课程，应优先选择一名当地教师，而不是在佐治亚理工学院的本科生中寻找候选人。如果找不到这样的合适人选，我们或许会退而求其次，但这永远是次优选择。其次，在开设分布式课程时，应有针对性地考虑结构的灵活性，以便于让他们能根据具体学生的特征，量身定制相应的学习体验。对于分布在本地的个别学生，应允许他们自由选择讨论的话题。在课程设计中，应允许本地教师从学生的特点出发，对课程要素进行选择性的安排，区别不同要素的轻重缓急，并分别进行合理重组，以更好满足学生的实际需求。实际上，这恰恰也是 ZyBooks 交互式教科书提供的一项功能。我们的一贯目标就是选择最能帮助特定学生群组的人，并以高质量的教材强化他们的教学能力，而不是通过集中式结构和严格的标准去控制他们。

赖希教授的困境论

哈佛大学的贾斯汀·赖希教授是国际公认的 MOOC 研究学者，在《失败的中断：为什么技术无法改变教育》（*Disrupt：Why Technology Alone Can't Transform Education*）一书中，他提出规模学习所面对的四个难题。这些难题限制了技术对规模性学习的影响力。鉴于分布式课堂与规模密切相关，那么，这些难题会给分布式课堂带来多大的威胁呢？

很明显，我们是分布式课堂的支持者，因此，即便存在这些难题和障碍，但我们依旧不难发现，分布式课堂始终是可行的。但这种可行性不仅仅可以解释为弊大于利：在很多方面，分布式课堂恰恰是解决这些难题的对症良药。这一点充分体现在我们在全书中对技术的强调。实际上，我们并未用很多篇幅去讨论自动评分（它会带来赖希教授所说的"常规考试陷阱"）等规模性学习中的常见话题。此外，在课程设计中，我们也没有考虑数据分析或 A/B 实验的作用，尽管它们是追踪在线课程行为的重要手段（我们将在赖希教授的"数据和实验的危害性"话题中进行讨论）。

在整个分布式课堂中，技术最重要，其作用也是独一无二的。这种作用并不是它对体验或工作负担的替代，而是对以往只能以同步同地方式实现的体验在空间和时间上进行分布。在这个分布过程中，技术有助于最大限度地保持体验的原汁原味；只有在必要或是可能实现改进的情况下，它才会试图改变体验，而且还要确保这种调整不涉及其他要素。因此，分布式课堂范式完全符合"无法破坏"（Failure to Disrupt）这一命题：技术本身无法改变教育。它的作用应体现为对人的分配、扩展和支持，而不是取代人。

熟悉即诅咒

我们讨论的第一个困境，是赖希教授提出的"熟悉即诅咒"（curse of the

familiar）。赖希指出："人们往往倾向于传授自己被传授过的东西，并且新技术也更有可能用来适应现有系统，而不是引发重大变革。"在这里，我们面对的难题体现为，要让新技术发挥最大潜力，就必须把它们变成重大变革的一部分，但这在现实中往往并不可行。对此，他给出了 MOOC 和 Quizlet 这两个例子。今天的 MOOC 已经越来越接近于传统课堂，尽管在最初设计时，它们已不再面临传统课堂需要面对的约束。Quizlet 是世界上最受欢迎的教育技术平台之一，它完全取代了学生在过去数十年，乃至几个世纪所使用的教学记忆卡。它的优点在于效率和可分布性，但很难期待它在改善学习成果方面有所突破。当新技术不再适应旧的系统时，它们就不太可能获得接受和采用，或者即使被采用，也会丧失最初设计时所具有的某些功能。Scratch 是一款针对儿童的编程语言软件，其开发者在 Scratch 的课堂使用体验中意识到这一点：尽管软件在设计时考虑的是鼓励开放性和创造性探索，但教师往往习惯于给学生布置非常具体的作业，而不是让孩子们进行创造性互动。

造成这种现象的另一个原因在于，即使新技术得到采纳，但如果它们不适合旧的系统和结构，它们反倒更有可能会让学生感到困惑。尽管我们的大部分课程体验从总体上反映了校内课程的原貌，但是，在整个工作过程中，我们还是从诸多方面见证了这一点。我们的 CS1 课程利用 edX 平台进行播放，它采用了一种非常新颖的评分方法：评分为累积方式，而不是滚动的，这意味着，只要你取得更多的积分，评分结果就会不断提高。但学生更熟悉滚动式评分标准，因此，他们会提出这样的问题："我现在已经完成了 83% 的课程，我怎样才能保住 B 级得分呢？"因此，我们需要花费大量时间去帮助学生了解自己的成绩到底如何，尽管积分这个比喻更像是省钱或是游戏积分之类我们更熟悉的事情。在理科硕士课堂中，因为学生们已经习惯于同学评分系统，因此，我们经常要几次提醒他们：同学评分系统并不会决定他们在作业中的实际分数；评分的目的纯粹是为了教学，但这对很多人来说是陌生的。

分布式课堂也不可能完全不受这个难题的影响，但分布式课堂也可以利用这种困境发挥自己的优势。也就是说，它始终致力于最大程度保留传统课堂的体验，只有在与某些潜在学生受众及其约束条件发生冲突时，才需要学生放弃少部分传统体验。即使必须做出牺牲，它也会寻求尽可能地减少牺牲，并对因此而必须损失的其他体验予以明确。简而言之，分布式课堂致力于充分发挥家庭技术和结构的优势，在保留体验的同时，最大程度减少必要的额外投入。

因此，这个困境与分布式课堂的关系体现为，它会导致分布式课堂不能充分利用新技术可能带来的优势。但这并不是分布式课堂不能改变教育的原因，相反，它只是分布式课堂没有给教育带来足够改变的原因。但赖希教授指出，摆脱这个困境的出路在于社区，他在书中提到，"解决方案在于扩大社区，而不是扩大分布渠道"。我们认为，无论是围绕分布式课堂创建教师和助教网络，还是促进教师与学校之间的内容交换，都具有重要意义。因此，我们为更新颖的技术提供基础设施，并把这些技术更有效地注入课程体验中，归根到底，我们对技术带来的分布式课堂的前景持乐观态度。集中化风险也不完全是坏事，至少对于个别课程而言，它可以让新技术更有效地进入社区，广泛传播，并更快地产生影响。

常规考试陷阱

常规考试陷阱源于最良好的初衷。我们都知道，频繁的考试（无论是格式化考试还是总结性考试），都有利于改善学习成果。因此，我们需要经常性地对学生进行考评。但考试会给教师带来任务，他们需要评价结果并提供反馈。评价只能在评价后给出。因此，要进行更频繁的考试，我们必须提供更易于评分的考试。于是，我们开始寻找易于评分的考试手段：数学问题的改错题、多项选择题、简单填空以及其他可自动评分的方式。这样，我们自然而然地关注考试的设计过程，以支持我们认为有价值的频繁考试。然后，为了让学生更有可能在我们的考试中取得成功，我们就需要根据准备提出的问题，对我们的教学过程量体裁衣。但我们很快就发现，尽管最初用心良苦，但最终还是陷入我们自己挖成的陷阱——在教学过程中，我们只关注这些常规考试的内容。从中学数学中的乘法表，到中学地理的国家与首都配对问题，再到高中物理中的自由落体图例，在诸多教育层面上，我们都难以逃脱这个陷阱。这些技能很容易进行测试，因此，它们构成了考试的重点。但我们希望讲授的很多技能恰恰是难以测评的，譬如，解释一个国家目前的边界线是如何形成的，或是用自由落体图例解释现实中发生的事情。这些复杂的推理技能往往需要更多手把手的人工评价，因此，针对这些问题的考试自然也难以扩大规模。

分布式课堂通过两种方式解决了常规考试陷阱。首先，如上一节所述，分布式课堂尽可能地保持课堂的现有结构。在描述跨时空分布的各种课堂版本时，我们始终强调，这些学生仍会采用相同的考试方法，并由相同的评分者进行评分。尽管MOOC追求的是规模的无限可扩张性，但在本质上，它只能依赖于可进行常规考试的作业；而分布式课堂不仅无须大多数学生做出牺牲，而且在没有明确理由的情况下，会主动规避这样的调整。

就其本身而言，这并不意味着其他激励性的常规考试不会影响分布式课堂，也不是说，分布式课堂本身不存在这样的问题，相反，只是分布式课堂不会出于追求规模的原因而出现这个问题。但另一方面，它确实对常规考试陷阱有一定的免疫力。我们曾经提到，分布式课堂的目标之一就是允许教师把更多时间用于个人反馈和评分，尤其是在成熟的学科领域。对一位每天讲授五节课的教师而言，他没有足够的时间给学生评分，撰写高质量的反馈。面对这样的现实，他要么降低考试频率，减少考试次数，要么只对更常规性的能力进行测试。但是，如果将实时体验中的部分要素转移到分布式课堂，那么，教师就可以把更多时间用于为学生提供反馈。例如，如果在翻转教学模式中采用分布式课堂，那么，以往通过书面方式进行的很多异步反馈，就可以转化为面授课堂活动中的同步互动。

如上所述，在在线计算机科学硕士学位课程中，我们在课程中就采用了这种设计理念。助教在绝大部分时间里的任务就是针对作业为学生提供反馈。因此，与很多校内课程相比，我们要求学生完成的作业确实很多。这在一定程度弥补了我们对在线学生学习成果的模糊认识，另一方面，也是因为我们把助教的职责压缩到无法提前完成的地步。

数据和实验的危害性

赖希教授提出的第三种困境，也就是他所说的"数据和实验的危害性"，也就是说，随着在线环境的日益普遍，围绕数据收集的生态系统也日渐复杂。要让学生大规模参与学习，需要他们在个人数据方面做出怎样的牺牲呢？譬如，赖希教授替代在线监测技术的使用已经越来越普遍，这就需要采用侵入式的网络摄像机、麦克风和屏幕捕获。但是，要求学生为参与这些系统而放弃太多隐私，这是否公平呢？按照这些要求，我们会把哪些学生排除在学习系统之外呢？

需要提醒的是，分布式课堂在某些方面带来的风险并不亚于任何其他在线课程，包括已经在校内课程中普遍使用的学习管理系统和网络论坛。当然，在我们的设计中，任何部分都不需要学生放弃隐私权。尽管我们主张对现场课堂过程进行实时录制，但如果个别学生不喜欢自己的提问被记录下来，那么，我们可以在编辑阶段删除该学生的提问。因此，从开始为远程教学录制资料时，我们就建议，在录制授课者授课过程的前提下，须提前征求学生和助教的意见，是否同意（不存在何强迫性或诱导性）接受录制。

同样，尽管分布式课堂的含义在于对内容进行分布化操作，并以数字化手段处理参与性和成绩等环节，但是，我们从未讨论过数据分析在教育中的作用。数据分析的影响可能是巨大的：在数字化已成大气候的环境下，如果把个人的人口数据与课堂成绩及互动数据结合起来，我们可能会揭示出重大关联性。诚然，我们对此持怀疑态度。按照赖希提出的法则，也就是所谓的"无法破坏"论，"有的人在做事，有的人做得更多，有人做得更好，有的人什么也不做"。这些庞大的数据集合可以帮助我们发现，哪类人在做事情以及做这些事情让他们成功的概率增加了多少，但这不会给我们带来任何真正意义上的能力的提升。或许正是出于这种怀疑，在本书中，我们几乎没有关注数据分析这个话题。分布式课堂的潜在影响绝不依赖于停留在可能性层面的分析。

但这是否足以让我们认为，分布式课堂的成功与分析无关？数据和实验的副作用，很大程度上不在于如何让分析发挥积极作用，而在于数据本身可能给学生带来的风险。分布式课堂也正在向着数据化方向发展，部分原因在于更多的互动采用了数字化形式（以实现永久性保存），还有部分原因在于数据来源于更多的学生。那么，应如何保护学生的隐私呢？

为解决这个难题，我们不妨援引欧盟颁布的《通用数据保护条例》（*General Data Protection Regulation*）。我们认为，所有教育机构都应自行采取类似《通用数据保护条例》之类的政策，尤其是考虑到教育本身也存在教育体验数字化的大趋势时。该法案基于如下几项原则：数据最小化；数据保留；合法性、公正性和透明性；完整性和保密性；准确性；目的限制。其中的某些原则已经被诸多现行法律所涵盖——如在美国《家庭教育权利和隐私权法案》（*Family Educational Rights and Privacy Act*）中，就对数据保密性做出了规定。但是要解决在线教育环境下的数据被动聚合问题，我们还需在数据最小化、数据保留和目的限制等方面制定相应政策。

第一，针对数据最小化，收集的数据应仅限于完成任务所必需的数据。某些示例是显而易见的：比如说，要给出公正准确的评分，就必须收集评分所依赖的数据；要对学生的学术道德做出评价，就必须收集相应的监考数据。

但这只是技术系统聚合的表面。例如，很多学习管理系统都会提供全面的访问日志，这样，教师会知道，某个学生是否已经几周未登录。在教师确定是否需要干预问题学生，或是要求学生加大学习力度时，这些数据具有决定性作用。但如果没有这方面的要求，最初就不应该收集这些数据。此外，对收集到的每个数据项都应进行核查，以确定是否应该收集这些数据。所收集的数据如果确属必要，应在什么情况下收集。对访问日志，如果学校准备对未能登录系统的学生进行主动干预，并提供帮助，那么，只能由学校层面收集这些数据。如果个别教师希望利用这些数据为学生分配学分或监督学习进度，那么，教师就只能在课堂层面收集数据。如果学校或教师不再使用这些数据，就应及时删除。

第二，针对数据保留，学校需要根据数据重新审核和确认学生在一定时期内的成绩和学术道德情况。因此，必须保留学生在特定时间段内的作业和考试记录等资料。在这个时间段结束之后，应立即清除这些数据。在学期结束后，对无须复查的所有数据，都应予以删除。例如，如果收集访问日志的唯一功能就是让教师或教学管理人员主动干预暂时落后的学生，那么，在学期结束后，这些数据也就失去了价值，因而应及时清除。

第三，按照目的限制原则，我们应仅针对特定目的而进行收集数据，而且只能把收集到的数据用于该特定目的。这要求我们非常清楚收集各种数据的具体用途。例如，大卫根据自身讲授课程的经历，与亚历克斯·邓肯（Alex Duncan）合作撰写了一篇论文，名为《谨防对重复同行评审的过度投资：是否应满足不请之约?》通过对需要进行同行评审的课程趋势进行调查，他们得出如下结论，随着课程的进行，学生往往会减少反馈。这些研究是收集数据的部分目的吗？在我们这个例子中，答案是肯定的。当然，该研究受《IRB 协议》保护，协议指出，收集相关数据的部分目的，是为了更好地把同行评审理解为在线教育的一种社交活动。即便是仅仅为了改进课程中的同行评审，那么，如果无须批准的话，这项研究或许会更容易。但那么做可以接受吗？如果由作为课程教师的大卫来确认同行评审价值而收集这些数据，或是由佐治亚理工学院的其他研究人员为了向其他班级通告同行评审的结论而收集数据，结果会怎样呢？如果它是由研究该产品的公司的研究人员进行的，该怎么办？实际上，所有这些实体都可以访问这些数据，但是以这种方式使用数据，可以接受吗？尽管每个人、每个机构都有自己的原因，但仍应对收集和使用这些数据的目的做出明确规定，比如说，这些数据可以用于什么目的，以及谁可以基于这些目的而使用数据。

教育科技的马太效应

针对分布式课堂这个话题，存在一个显而易见但却无人问津的话题，我们这个话题归结为赖希教授所说的"教育科技的马太效应"。这个名字出自《圣经》中"马太福音 25 – 29 节"，这段文字的含义表述为："凡有的，还要加给他，叫他有余；凡没有的，连他所有的也要夺去"。在总结这种效应在大规模学习背景下的影响时，赖希教授指出："多年来，教育工作者、设计师和政策制定者始终希望，通过免费或低成本的在线技术，为更偏远、更贫困的学生创造机会，从而弥合教育资源不公平的鸿沟。但事实已经证明，这个梦想遥不可及。"此外，他还在其他场合对此进行了详尽阐述，"新技术尤其有利于在财务、社会和技术资本方面占有优势的学习者，因为他们更有机会利用新的创新。"

分布式课堂的一个重要目标，就是扩大教育资源的覆盖范围。扩大教育机会覆盖面的方式可以多种多样，而且很多方法有利于增进教育的公平性。例如，在在线计算机科学硕士学位课程中，我们发现，参加在线课程的少数族裔学生是参加在校课程的两倍。造成这种现象的原因可能是多方面的：弹性的课程结构，让那些无法进行脱产学习或不愿意搁置职业前程的学生创造了机会；低廉的学费，为经济拮据的学生带来了福音；宽松的入学条件，让那些没有机会进入名牌大学的学生看到新的希望。所有这些效应，实际上都与弱势群体有关。

但是在讨论分布式课堂对扩大基础教育的潜在影响时，我们不得不面对获取技术的公平性问题。在《失败的中断：为什么技术无法改变教育》一书中，赖希教授指出了造成这种马太效应的三个误区，而第三个误区就可以表述为——只要获得技术，即可弥合数字鸿沟。这个误区涉及两个方面的问题：首先，提供技术访问权限本身就非常困难。在新冠肺炎疫情暴发之后，这已成为难以逾越的障碍；随着学校向在线模式的转型，那些无法在家里通过科技手段实现在线学习的学生将被抛在后面。其次，即使在技术上可以解决访问权限的问题，但仍要面对复杂的社会文化问题：譬如，贫困群体是否能理解、使用和信任这些技术。

这难免会让人们觉得，讨论这样的问题没有任何意义。正如我们在第六章"适用性"部分所提到的那样，分布式课堂可能只适合缺乏培训且需求巨大的新兴领域。这个群体显然不同于身处基础教育阶段的学生——毕竟，对后者来说，登录互联网本身就是问题。但是通过深入调查，我们会发现，由于技术获取及其他问题的存在，使得马太效应随处可见。

在技术获取方面，技术高速发展形成的一个重要特征是，和几十年前相比，当下时代的落后者才是名副其实的落后者。2030 年的流行编程语言、数据量和技术，或许是当下人们所无法预见的。这或许意味着，弱势群体更有可能成为技术领域的弄潮儿，因为到了那个时候，以往技术获取的不平等性或将不复存在。一名 36 岁的收银员显然没有机会转行成为外科医生，因为他根本就不可能拿出 8 年时间去医学院学习；但是要实现做一名软件开发人员的理想还是有可能的，因为即使是现有的开发人员，也需要不断接受新的培训。但这个群体却有可能像前面提到的基础教育受众一样，缺乏使用宽带的技术。因为缺乏互联网连接，导致这个群体的父母在小学阶段就处于落后地位，然而，恰恰是因为他们自己没有这些机会，让他们的儿女一代人甚至是子孙两代人不得不面临相同的窘境。因此，必须以新的技术获取机制打破这种恶性循环，但这种机制完全依附于财富和地位，那么，该群体依旧无法得到技术的庇佑。当然，这种情况也适用于全球各地，在很多地区，技术获取的障碍更多地在于本地互联网连接的短缺——譬如停电或是本地局势动荡，而不是成本和基础设施障碍。

但即使撇开技术的获取，其他影响技术使用公平性的问题也比比皆是，它们同样会带来马太效应。不妨设想，一项新技术已开发完成，目前需要开发人员进行升级。由于这项技术非常具体明确，因此，在现有语言或系统框架内，所有人在基础起点上都是平等的。另一方面，这项技术非常新颖，以至于对所有人来说都是一次全新探索，因此，如果只考虑它所需要的技能，那么，即使是拥有 20 年经验的老牌软件开发人员，在前面提到的那位收银员面前，可能也没有任何优势可言，尽管后者完全是因为本地互联网服务提供商的一个新项目，才有机会在公寓内安装了宽带接口。虽然对内容本身的准备程度基本相当，但软件开发人员的优势是不言而喻的。他更有可能拥有一位支持自己不断改善技能的上司，让他可以把更多时间花在学习这门新技术上。他可能有固定的工作时间，这样，他就可以更好地对测验或其他考试做出安排。此外，凭借更优越的收入，他可以把夜间照料孩子的任务交给别人，从而给自己留出更多的学习时间。他的身边或许有一批对这个新领域感兴趣的同事、朋友圈，他们可以一起讨论或相互咨询。反观这位收银员，他只能在工作之余另辟学习途径，而且学习注定会影响他对家人的照顾，而在需要支持帮助时，他只能依靠自己，独自奋斗。

分布式课堂确实为我们探讨这些问题提供了一个框架。贯穿本书，我们曾多次提到最大限度减少折中的概念——或者说，最大程度减少为获得学习内容而做出的牺牲。为此，我们同样可以使用上述示例。为进行同步学习或是为跟上课程进度，软件开发人员无须做出任何牺牲：上司允许他在工作时间学习教材，完成作业，而且他事先已经预见到上司会支持自己的学习，因此，他更有可能接受学校发布的共同课程表。而收银员则需要采取很多折中措施：他不能参加同步课程，甚至会因为工作和家务原因而找不到可以加入的同步学生群组。因此，他可能无法跟上其他同学的课程学习进度。于是，问题出现了：基于这些制约条件，我们可以提供给他的最好体验是什么？我们能否为他提供一个没那么严格的课程版本，但仍可提供相同的学分和学位，而且不要求他在同一时间上课，或是按同一截止日期修完全部课程？

分布式课堂并没有为这些问题提供一般性答案，相反，它只提供了组织和探索这些问题的基本框架。谁是分布式课堂的潜在受众呢？他们需要做出哪些折中？在某些地方，有必要在保留课程全部要素和严谨性的情况下做出折中。在新冠肺炎疫情暴发后，未完成课程的学生人数创下新高，这些具有预留性的课程需要学生按自己的时间学习教材，而不再遵循我们制定的时间表。在此过程中，我们发现，尽管外部约束导致学习进度放缓，但我们的教学设计方案对他们几乎没有任何歧视：疫情确实让他们进一步被孤立，因为他们失去了名副其实的学习共同体，但这丝毫不会影响到学分或学位等元素。在其他模式中，如果需要学习者访问昂贵的共享资源，或是在根本上需要获得同步体验，那么，要做出这些折中或许会困难得多。而更多的情况下，我们可能会发现，尽管分布式课堂在理论上可行，但只有在更多的支持下才能付诸实践。找到这些障碍，我们就可以对 Coursera 的 Live2Coursera 等技术解决方案开展头脑风暴式讨论，帮助教师改善呈现方式，为缺乏有效互联网连接的学生提供更直接的视频内容。分布式课堂为我们提供了一种探索和组织这些问题的机制，确定为获得内容而须付出的最小代价。与此同时，它还鼓励我们学会站在不同受众的立场上，考虑如何最大限度地减少这种代价。

Chapter Ten

——

第十章
全民性终身学习

在本书中，我们从多个角度探讨了分布式课堂的概念，包括它所支持的体验改善以及为实现这些改进可以采用的机制。在最后一章，我们全面清点和归集这些目标和机制，在此基础上，简要总结普及这种范式的潜在意义。

再次，我们不妨重述这种范式的内涵：分布式课堂是一种分布在不同时间和空间上的课堂体验，并尽可能多地保留同步同地动态下的传统体验。传统体验可以包括（取决于课程）课堂互动、课程评分、成绩和反馈、与教师的互动、小组作业、团队项目以及可能存在于传统课程中的其他任何要素。如果传统体验的某个要素与特定学生的需求不兼容——如学生因远离校园而无法参与同地课堂，在这种情况下，这个学生只需牺牲不兼容的体验要素，即可取得他希望获得的课堂体验。如果某个学生不能参与现场授课，但却能以异步方式参与，那么，他完全可以选择异步模式，而不必参与面授课程，换言之，为获得希望得到的内容，他无须做出任何牺牲。

目标

我们可以在若干层次上，对分布式课堂的目标进行阐述——既有对特定学生的直接影响，也有对整个教育行业的广泛性、社会性影响。在最现实、最直接的层面，这个范式的目标就是为所有潜在学习者提供完整的学习机会，自然包括那些因位置、可得性或经济因素而无法获得学习机会的学习者，尤其是终身学习者。在这里，"完整"这个词是区分分布式课堂和其他具有类似目标的方案的关键。比如说，MOOC为那些无法获得学习机会的学习者提供了教育机会，但在这个过程中，MOOC为扩大规模也放弃了真实学习体验中的诸多要素，如开放式评估、同步性对等互动、人工反馈和公认的学位等。

　　相比之下，分布式课堂则致力于提供完整的教育机会，其中自然也包括被MOOC及其他诸多在线学习环境所牺牲的内容。例如，在我们的在线计算机科学硕士学位课程中，我们在增强人工评分、反馈和支持等要素的同时，依旧提供社会公认的学位。但在此过程中，我们也会牺牲课堂体验的其他要素，比如同学之间的同步互动。这是需要冒险但也是必要而且是最有价值的第一步——把教育机会扩展到潜在的极端学生群组，那些无法参加同步同地学习的学生，缺乏竞争力的学生，无法或不愿支付正常学费的学生。但它会迫使某些学生从自身约束条件出发，放弃传统体验中某些非必要要素。分布式课堂的一个重要目的，就是通过投资为那些愿意而且有能力的人重新找回这些要素，为他们提供完整的课堂体验。

　　这就引出表述分布式课堂目标的另一种方法：分布式课堂的目标，就是让学生以最小、无法规避的必要代价，让教育机会嵌入他们的生活中。这就需要学生从个人需求出发，去进行各种必要的权衡和取舍。于是，从同步性和同地性角度出发，课堂体验需要在若干潜在约束的条件下实现分布。如果学生无法进入校园，那么，我们只需他们放弃那些完全依赖校内生活的要素。这可能意味着，他们的实时互动对象只能是本地学生群组，而不可能是原始学生群组；或者只能是远程群体，而不可能是同地群体。如果他们始终能和其他类似学生进行同步互动，那么，他们就可以在学习体验中继续进行同步互动。如果为获得学位而值得他们付出这些代价，那么，付出这些代价的结果就是他们获得学位；如果折中的后果是放弃学位，那么，即使没有希望取得课程学分或学位，他们仍可以取得原本无法得到的学习机会。

这就引申出分布式课堂所追求的更高理想：消除在线课堂与传统课堂之间的基本区别。如果要求学生必须做出必要的权衡取舍，那么，多大程度的牺牲会让体验从传统方式转变为在线方式呢？和同步群体共享一个课堂、同时观看实时远程课程的学生，一定就是"在线"学生吗？如果课程是预先录制的内容，但学生以群体、同步、同地的方式观看录制，那么应对他们如何定义呢？因此，分布式课堂可以采取多种方式，实现为学生提供获得完整教育机会的目标：如果它减少了在线课程与传统课程的差异，那么，它就可以减少学生在远程体验中可能体验到的所有自卑感。新的学生不仅能获得接受教育的机会，而且他们会认为，这些机会是平等的。

这些举措都有利于扩大教育资源的供给，但分布式课堂模式的对象是已经普及的内容。因此，对大多数大学已经开设的课程（以及 K12 阶段的课程）而言，分布式课堂的目标也变成以使用相同机制改善教学和学生的成绩。这种机制强调的是创造丰富的内容——不只有教材，还有可在多个课堂共享的课程计划、活动和互动指南。这有助于实现两个目的：首先，它减轻了个别教师需要在诸多方面做到出类拔萃的要求；其次，它让教师有更多的可支配时间，从而与个别学生进行互动、做出具体的反馈以及推动课堂写作，而不是继续关注于一对多的讲座和演示。

在这些更宽泛的目标范围内，分布式课堂也为某些小问题提供了解决方案。例如，很多在线教育方法都存在这样一个问题，尤其是 MOOC 以及基于 MOOC 的学位课程——由于内容制作的成本太高，导致对内容的定期更新更困难，而且学校难以承受高昂的成本。相比之下，在传统教学体验中，由于课程在每学期都要重新讲授，因此，按学期更新也成为不成文的规矩。因为能在传统课堂基础上更好地创建分布式体验，因此，分布式课堂的一个主要目标就是在有限的增量工作和成本的条件下，实现类似于 MOOC 的扩容能力。在这个过程中，它同样会让分布式体验更真实，因为它所呈现的是课程的最新版本，在这个内容要素上，在线学生和面授学生得到的体验完全相同。

方法

为了实现这些目标，分布式课堂模式提供了诸多可采取的方法。首先，它指出，传统体验中需要分布的很多要素实际上已完全适用于这种调整。现代学习管理系统已对很多以前只存在于实体课堂的要素进行了分布，如作业的提交和答疑环节。因此，有待于进一步分布的主要要素就是实体课堂体验本身。

在这里，分布课堂体验的默认方法就是课堂捕获技术，也就是说录制现场课堂的过程，并以此为基础建立其他分布式课堂——无论是用于同一时间、不同地点的分布式课堂，还是用于不同时间、不同地点的分布式课堂。与从零开始开发课程材料的做法相比，课堂捕获既可以保持内容的及时性，又可以最大限度地减少额外工作量。此外，课堂捕获还可以保留课堂上的互动，因而有助于进一步扩大课堂互动：学生不仅会从原始录制的课堂问答和讨论中受到启发，也可以在相应的播放点上插入自己的讨论或开展小组讨论。然后，把这些录制的课堂体验和助教提供的现场支持相结合，从而创建其他群组在其他地点和其他时间实现的新课堂体验。与此同时，对于已实现分布的课堂元素——如在课程论坛上进行的异步讨论或是通过学习管理系统完成的作业交付和反馈，仍然可供所有学习群组使用，在保留其他课堂体验的同时为学生提供等价的学分。

当然，这不是唯一必须采取的方法。定制录像材料有很多好处——譬如，可以有效利用展示材料所依附的媒体，避免实体课堂所带来的限制。在课堂以外拍摄新材料，可以让教师为新的体验编写脚本，由于这不需要有限的同步课堂时间，因此，可以留出更多时间进入嵌入课堂的个人练习。此外，由于不再受某个安排好的时间段的限制，因此，教师可以重新思考材料的基础结构。有了量身定制的录制材料，本地群组即可创建自己的分布式课堂，他们使用这些材料进行互动，参加由群组助教牵头组织的讨论和小组练习，并形成自己的社交学习社区，这种模式在大卫的论文中有所提及，即，2020年秋季在中国深圳校区开设的CS1301课程就属于这种情况。

不管内容来自对实时演示的捕获，还是针对分布式环境的重新制作，抑或是以其他某种方式创建（甚至是依据现有内容而策划），只要我们始终强调创造可重复使用的资料，并相应扩大互动的力度，分布式课堂方案就是可行的。

结果

上述目标也是分布式课堂模式的短期愿望：扩大课程的访问范围、增强体验、改善成果、解决远程学习目的的现有挑战。这些方法为我们实现这些目标提供有效的机制。但是，如果以这些方法去实现这些目标，会带来哪些更有普遍性的结果呢？

这种模式的普遍性结果就是为分布在世界各地的潜在学习者提供完整的教育机会，这些机会在现有环境下是他们原本无法奢望的。制约他们获得学习机会的障碍可能体现为地域因素：他们在位置上可能无法进入提供内容的物理空间。而分布式课堂提供的远程灵活性则解决了这种位置障碍。他们的障碍也可能体现于同步性：即使有机会进入这个空间，但出于个人原因，导致他们无法在一天内的某个时刻参与课堂，甚至无法接受任何固定的课程时间或日程安排。异步方案解决了这种时间上的障碍。最后，他们的障碍还可能反映在财务上：在某种意义上，教育是一种奢侈品，往往只有成功者才有能力为获得更多的成功机会而投资（马太效应）。规模经济解决了这一障碍：因为有更多学生取得这种体验，因此，每个学生所负担的成本可能会大幅下降。此外，分布式课堂的远程属性更容易地隔离费用，从而确保每个学生只支付自己的增量成本，在保持教育的可拓展性和可持续性的同时，大大削减了学生的学习成本。

尽管这种获取方式会让很多人受益，但最大的使用者或许是成年学习者。随着变革速度的加快，每个人都必须成为终身学习者。如果学习要求学生必须返回大学校园，需要他们暂时离开工作，离开家庭，而且还要支付数万美元的学费，那么，这种学习对绝大多数潜在学生而言是不可行的。相反，如果把这种学习作为工作和家庭生活的一部分，而且通过互联网触达任何地方，那么，几乎任何人都可以成为终身学习者。当然，我们完全可以通过 MOOC 和训练营等各种非正式课程实现学习，但如果把这种学习作为高等教育的延伸，让学习与前沿研究保持联系，甚至还可以取得社会公认的学位，那么，其影响自然会更深远，更有现实意义，而且更有需求。

最重要的是，这些努力并非零和游戏。大学可以通过接受在线群体而实现学生数量的大幅增长，但这种增长更有可能源自原本不会成为学生的学习者。在学生的全部教育生涯中，他们中的大多数可能会从五六所不同大学获得学位，而不会局限于一两所大学。这种范式并没有将现有的学习者分配给数量不断减少的大型大学，而是从根本上增加世界上的学习者数量。

这或许是未来 25 年的教育发展趋势。一路走来，风险与陷阱比比皆是：大型教会和大型媒体企业的出现，让我们很容易辨识这些趋势所带来的集团化浪潮。这些趋势或许会招致教育集中化的泛滥。而教育平台数据收割与后台监控行为的肆虐，则让常规评估失效。

但我们毕竟还有能力抵御这些恶势力。我们应站在学生的视角推动在线学习的未来。我们可以始终把技术进步视为投入资源、改善成果的机会。我们可以创造真实的学习体验，以吸引面对各种制约的潜在学习者。我们可以不断扩大内容和观点的多样性，满足全球学习者的学习要求和人生理想。

在这条追求终身学习的道路上，希望所有人都能获取终身学习的机会，希望我们可以携手让这个世界变得更加美好。

致　谢

本书阐述的思想源自高等教育领域在过去30年的探索与积累。尤其是在过去6年多的时间里，我们自行开发的在线计算机科学硕士学位课程项目，最终让这些观点成为现实。迄今为止，直接对这些思想和实践做出贡献的人不计其数，以至于我们难以一一列出他们的名字，也很难说哪个人的贡献更大。对此，我们当然有发言权，因为我们最初曾尝试过列出这些人的完整名单，这会大大加大本书的厚度。在这里，我们不仅要感谢那些一直支持我们的朋友和家人，尤其要感谢这个项目最早的设计师 Zvi Galil 和 Sebastian Thrun；还有数十名兢兢业业、以不知疲倦的工作缔造非凡教学体验的教职员工、顾问及其他工作人员；数百位为教学倾注了宝贵时间的助教；当然不能忽略的还有与我们共同走过这个漫长旅程的数以万计的学生。本书提出的观点，也是对无数次沟通进行提炼而得到的精华。从这些人的身上，我们也学到了很多东西。我们对这些观点和措施的价值坚信不疑，因为我们亲眼见证了你们是如何把握和利用这些机会，并把它们转化为自己的知识财富的。

更具体地说，本书的出版永远要感谢如下几位对我们寄予期待的读者和审阅者，他们积极分享自己的观点，并提出了宝贵的意见和建议，甚至在本书初稿中找出数十个拼写错误，包括 Amber Felt、Amanda Madden、Jim Lohse、Cason Cherry、Erin Cherry、Alex Duncan、Jace van Auken、Eric Gregori、Stella

Biderman、Ludwik Trammer 和 Bobbie Eicher。此外，我们还要感谢麻省理工学院出版社的合作伙伴，感谢他们以辛勤的汗水换来本书的最终面世；感谢他们对初稿提供的全面注释和建议，并为我们提供了一个与全球读者分享观念的机会。最后，我们还要感谢 Justin Reich 和 Nichole Pinkard 编辑的"大规模环境下的学习"系列讲座，正是他们令人难以置信的远见卓识才让我们得以超前感受在线学习的重要性——而在新冠肺炎疫情全球大暴发之后，它显然已逐渐成为当下最紧迫的事务之一。